완전성공 중국어

김준헌 · 왕혜경 공저

Step 2

시사중국어사

완전 성공 중국어 Step 2

초판발행	2013년 3월 10일
1판 7쇄	2022년 2월 25일
저자	김준헌, 왕혜경
책임 편집	최미진, 가석빈, 엄수연, 高霞
펴낸이	엄태상
디자인	김지연
콘텐츠 제작	김선웅, 김현이, 유일환
마케팅	이승욱, 왕성석, 노원준, 조인선, 조성민
경영기획	마정인, 조성근, 최성훈, 정다운, 김다미, 오희연
물류	정종진, 윤덕현, 양희은, 신승진
펴낸곳	시사중국어사(시사북스)
주소	서울시 종로구 자하문로 300 시사빌딩
주문 및 교재 문의	1588-1582
팩스	0502-989-9592
홈페이지	http://www.sisabooks.com
이메일	book_chinese@sisadream.com
등록일자	1988년 2월 13일
등록번호	제1-657호

ISBN 978-89-7364-687-6 14720
       978-89-7364-690-6(set)

＊ 이 책의 내용을 사전 허가 없이 전재하거나 복제할 경우 법적인 제재를 받게 됨을 알려 드립니다.
＊ 잘못된 책은 구입하신 서점에서 교환해 드립니다.
＊ 정가는 표지에 표시되어 있습니다.

머리말

중국어는 배우기 어렵다고 말하는 사람들이

있습니다. 틀린 말은 아니라고 생각합니다. 성조언어라는 중국어의 특성, 어렵게만 보이는 한자를 표기수단으로 삼는다는 점, 어순이 한국어와 다르다는 점 등, 여러 가지 요인으로 인하여 한국 사람들에게는 더욱 그렇게 느껴지는 것일지도 모릅니다. 그렇지만 훌륭한 선생님과 좋은 교과서를 가지고 열심히 그리고 꾸준히 공부한다면, 중국어만큼 마스터하기 쉬운 언어도 없습니다. 문제는 얼마나 많은 시간과 정열을 중국어에 투자할 수 있느냐입니다만.

저희들은 다른 중국어 교과서에서 채용한 적이 없는 다양한 새로운 시도를 통하여 학습자들이 중국어를 좀 더 효과적으로 습득할 수 있도록, 3년이 넘는 긴 시간을 이 교과서 시리즈 제작에 매달려왔습니다. 교과서는 한국인 남학생과 중국인 여학생의 만남, 성장, 졸업, 사회진출을 다루게 되며, 두 사람의 가족과 친구들까지도 교과서의 내용 전개에 큰 역할을 하게 됩니다.

각 교과서의 내용 전개와 문법 배치, 연습문제와 신HSK 시험과의 연계성 강화, 사용 단어의 난이도, 단계별 단어 개수 등은 모두 저자 두 사람이 학습자의 학습효과를 진지하게 고민하고 토의하여 결정하였습니다. 이 책으로 적어도 주 2회 2시간 이상 중국어를 꾸준히 공부해 보세요. 반드시 여러분이 원하는 결과를 얻게 될 것입니다.

'멈추어 있지 말라, 느리더라도 전진하는 것이 중요하다(不怕慢, 只怕站)'라는 중국 속담이 있습니다. 외국어 공부에 이보다 더 적합한 좌우명은 없지 않을까요!

왕혜경, 김준헌

이 책의 활용법

학습목표
각 과의 시작 부분에 무엇을 배울 것인지를 제시하였다.

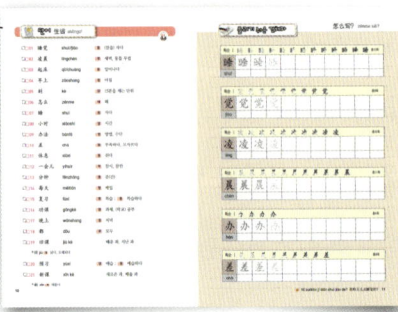

단어
본문에 나오는 새로운 단어를 본문에 나온 순서대로 정리하였고, 각 과당 적절한 학습량으로 조절하였다.

틀리기 쉬운 간체자
새로 나온 한자 중에서 틀리기 쉬운 한자를 골라 올바른 획순에 맞게 쓰는 연습을 할 수 있도록 하였다.

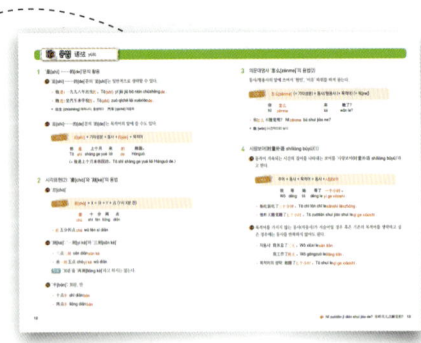

문법
본문에 나오는 주요 문법을 최대한 간단명료하게 설명하였고, 이미 학습한 단어나 평이한 어휘만으로 예문을 만들어 학습자들이 쉽게 이해할 수 있도록 하였다.

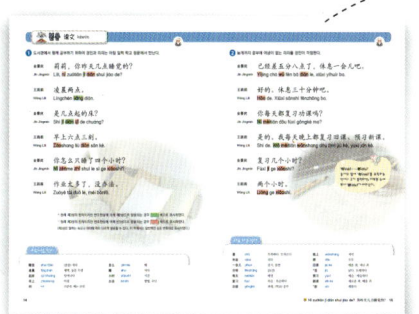

본문
아주 쉽고 기본적인 실용회화를 바탕으로 본문 내용이 하나의 스토리로 전개되어 학습자들이 재미있고 쉽게 이해할 수 있도록 하였다. 보충 설명이 필요한 부분은 TIP을 통해 설명해 놓았다.

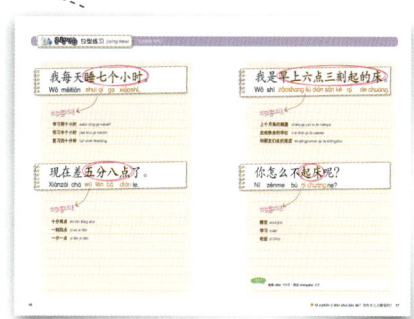

문형연습
중요한 문형은 문형연습을 통해 확실하게 익힐 수 있다. 주어진 단어로 바꾸어 연습하면서 자연스럽게 단어까지 익힐 수 있어서 학습하는데 큰 도움이 된다.

연습문제
앞에서 학습한 내용을 듣기, 읽기, 말하기, 쓰기로 나누어 복습할 수 있도록 하였다. 신HSK 시험과 동일한 문제 유형으로 출제하여 HSK 공부하는데 도움이 되도록 하였다. 특히 학습자들이 많이 어려워하는 중국어 듣기를 충분히 연습할 수 있도록 고심하여 만들었다.

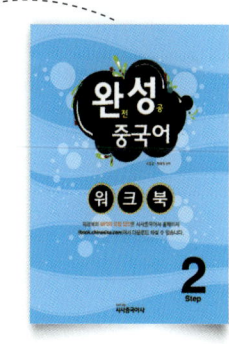

워크북
각 과에서 학습한 내용을 충실히 연습할 수 있도록 다양한 내용으로 구성하였다. 특히 다양하고 특별한 듣기 연습 문제로 듣기 실력 향상에 도움이 되도록 하였다.

차례

머리말 3
이 책의 활용법 4
품사 8

第一课 你昨天几点睡觉的？ Nǐ zuótiān jǐ diǎn shuì jiào de? 9
어제는 몇 시에 잤습니까?!

第二课 学校里有一个邮局。 Xuéxiào li yǒu yí ge yóujú. 21
학교 안에 우체국이 하나 있습니다.

第三课 银行离这儿不远。 Yínháng lí zhèr bù yuǎn. 33
은행은 여기에서 멀지 않습니다.

第四课 今天上午有课还是下午有课？
Jīntiān shàngwǔ yǒu kè háishi xiàwǔ yǒu kè? 45
오늘은 오전에 수업이 있나요 아니면 오후에 수업이 있나요?

第五课 吃了午饭就去易买得。 Chī le wǔfàn jiù qù Yìmǎidé. 57
점심 먹고 바로 이마트에 갑시다.

第六课 我身体有点儿不舒服。 Wǒ shēntǐ yǒudiǎnr bù shūfu. 69
저 몸이 좀 불편합니다.

第七课 전반부 총복습 81

第八课 我一个星期打一次篮球。 Wǒ yí ge xīngqī dǎ yí cì lánqiú. 89
저는 일주일에 한 번 농구를 합니다.

第九课 你已经是中国通了。 Nǐ yǐjing shì Zhōngguótōng le. 101
이미 중국통이네요.

第十课 你的头发一点儿也不长。 Nǐ de tóufa yìdiǎnr yě bù cháng. 113
당신 머리카락은 조금도 길지 않습니다.

第十一课 足球比赛快要开始了。 Zúqiú bǐsài kuàiyào kāishǐ le. 125
축구 시합이 곧 시작합니다.

第十二课 英语考试考得怎么样? Yīngyǔ kǎo shì kǎo de zěnmeyàng? 137
영어 시험은 어땠습니까?

第十三课 校园这几天安安静静的。
Xiàoyuán zhè jǐ tiān ānanjìngjìng de. 149
캠퍼스가 요 며칠 조용합니다.

第十四课 후반부 총복습 161

듣기 원문 및 연습문제 정답 168
본문 해석 185
병음 색인 189
단어 색인 195

품사

중국에서는 단어를 실사(实詞)와 허사(虛詞)로 구분한다. 실사란 비교적 실질적인 의미를 갖고 대체로 단독으로 문장 성분이 되는 것이며, 허사란 단독으로 문장 성분이 되지 않는 것을 말한다. 부사는 문장 성분에서 부사어가 될 수도 있고, 감탄사도 하나의 문장이 될 수 있지만 이들도 허사 속에 포함된다.

1. 명사	사람 혹은 구체적인 사물을 나타낸다	金景民	书	笔	猫
	추상적인 사물을 나타낸다	交通	办法	友谊	教育
	장소를 나타낸다〈장소사〉	韩国	北京	长城	学校
	시간을 나타낸다〈시간사〉	今天	上午	晚上	冬天
	방위를 나타낸다〈방위사〉	前边	外面	南	左
2. 동사	동작·행위를 나타낸다	走	打	说	听
	존재·변화를 나타낸다	有	存在	死	变化
	심리활동을 나타낸다	想	爱	喜欢	希望
	사역을 나타낸다	请	让	叫	使
	가능·원망(願望)을 나타낸다〈능원동사〉	能	会	可以	应该
	방향을 나타낸다〈방향동사〉	去	来	进来	起来
	판단을 나타낸다〈판단사〉	是			
3. 형용사	성질을 나타낸다〈성질형용사〉	好	高	小	漂亮
	상태를 나타낸다〈상태형용사〉	大大	雪白	干干净净	
4. 수사	명확한 수를 나타낸다	一	十	百	千
	대략적 수를 나타낸다	几	多少	一些	许多
5. 양사	명사적 양을 나타낸다〈명량사〉	个	本	支	斤
	동사적 양을 나타낸다〈동량사〉	次	下	回	遍
6. 대명사	인칭대명사	我	你	她	他们
	의문대명사	谁	什么	怎么	哪
	지시대명사	这	那	这么	那里
7. 부사		很	都	不	就
8. 전치사		从	到	在	向
9. 접속사		和	但是	因为	所以
10. 조사	구조조사	得	的	地	
	동태조사	了	着	过	
	어기조사	的	了	吗	呢 吧
11. 감탄사		啊	喂	哇	哎呀
12. 의성어		哈哈	喵喵	乓乓	哗啦啦

第一课

你昨天几点睡觉的？

Nǐ zuótiān jǐ diǎn shuì jiào de?

학습목표

'是[shì] ······的[de]'문의 활용

'是[shì]'의 생략과 '的[de]'의 위치

시각표현(2) '差[chà]'와 '刻[kè]'의 용법

의문대명사 '怎么[zěnme]'의 용법(2)
你怎么只睡了四个小时？
Nǐ zěnme zhǐ shuì le sì ge xiǎoshí?

시량보어(时量补语 shíliàng bǔyǔ)(1)
休息三十分钟吧。 Xiūxi sānshí fēnzhōng ba.

단어 生词 shēngcí

- ☐☐ 01 睡觉 shuì//jiào 동 (잠을) 자다
- ☐☐ 02 凌晨 língchén 명 새벽, 동틀 무렵
- ☐☐ 03 起床 qǐ//chuáng 동 일어나다
- ☐☐ 04 早上 zǎoshang 명 아침
- ☐☐ 05 刻 kè 양 15분을 세는 단위
- ☐☐ 06 怎么 zěnme 대 왜
- ☐☐ 07 睡 shuì 동 자다
- ☐☐ 08 小时 xiǎoshí 명 시간
- ☐☐ 09 办法 bànfǎ 명 방법, 수단
- ☐☐ 10 差 chà 형 부족하다, 모자르다
- ☐☐ 11 休息 xiūxi 동 쉬다
- ☐☐ 12 一会儿 yíhuìr 부 잠시, 잠깐
- ☐☐ 13 分钟 fēnzhōng 명 분(간)
- ☐☐ 14 每天 měitiān 명 매일
- ☐☐ 15 复习 fùxí 명 복습 ; 동 복습하다
- ☐☐ 16 功课 gōngkè 명 과제, (학교) 공부
- ☐☐ 17 晚上 wǎnshang 명 저녁
- ☐☐ 18 都 dōu 부 모두
- ☐☐ 19 旧课 jiù kè 배운 과, 지난 과
    - *旧 jiù 형 낡다, 오래되다
- ☐☐ 20 预习 yùxí 명 예습 ; 동 예습하다
- ☐☐ 21 新课 xīn kè 새로운 과, 배울 과
    - *新 xīn 형 새롭다

怎么写? zěnme xiě?

| 획순 | 睡 | 睡 | 睡 | 睡 | 睡 | 睡 | 睡 | 睡 | 睡 | 睡 | 睡 | 睡 | 睡 | 총13획 |

睡	睡	睡	睡						
shuì									

| 획순 | 觉 | 觉 | 觉 | 觉 | 觉 | 觉 | 觉 | 觉 | 觉 | 총9획 |

觉	觉	觉	觉						
jiào									

| 획순 | 凌 | 凌 | 凌 | 凌 | 凌 | 凌 | 凌 | 凌 | 凌 | 凌 | 총10획 |

凌	凌	凌	凌						
líng									

| 획순 | 晨 | 晨 | 晨 | 晨 | 晨 | 晨 | 晨 | 晨 | 晨 | 晨 | 晨 | 총11획 |

晨	晨	晨	晨						
chén									

| 획순 | 力 | 办 | 办 | 办 | | | | | | 총4획 |

办	办	办	办						
bàn									

| 획순 | 差 | 差 | 差 | 差 | 差 | 差 | 差 | 差 | 差 | 총9획 |

差	差	差	差						
chà									

❶ Nǐ zuótiān jǐ diǎn shuì jiào de? 你昨天几点睡觉的?

문법 语法 yǔfǎ

1 '是[shì] ……的[de]'문의 활용

㉮ '是[shì] ……的[de]'문의 '是[shì]'는 일반적으로 생략할 수 있다.

- 他(是)一九九八年出生的。Tā (shì) yī jiǔ jiǔ bā nián chūshēng de.
- 她(是)坐汽车来学校的。Tā (shì) zuò qìchē lái xuéxiào de.

* 出生 [chūshēng] 태어나다, 출생하다   汽车 [qìchē] 자동차

㉯ '是[shì]……的[de]'문의 '的[de]'는 목적어의 앞에 쓸 수도 있다.

| 어순 | 是[shì] + 기타성분 + 동사 + 的[de] + 목적어 |

他 是 上个月 来 的 韩国。
Tā shì shàng ge yuè lái de Hánguó.
(= 他是上个月来韩国的。Tā shì shàng ge yuè lái Hánguó de.)

2 시각표현(2): '差[chà]'와 '刻[kè]'의 용법

㉮ '差[chà]'

| 어순 | 差[chà] + X + 分 + Y + 点 (Y시 X분 전) |

差 十分 两 点
chà shí fēn liǎng diǎn

- 差五分四点 chà wǔ fēn sì diǎn

㉯ '刻[kè]': '一刻[yí kè]'와 '三刻[sān kè]'

- 三点三刻 sān diǎn sān kè
- 差一刻五点 chà yí kè wǔ diǎn

주의 '30분'을 '两刻[liǎng kè]'라고 하지는 않는다.

㉰ '半[bàn]': 30분, 반

- 十点半 shí diǎn bàn
- 两点半 liǎng diǎn bàn

3 의문대명사 '怎么[zěnme]'의 용법(2)

동사/형용사의 앞에 쓰여서 '원인', '이유' 따위를 따져 묻는다.

> **어순** 怎么[zěnme] (+ 기타성분) + 동사/형용사 (+ 목적어) (+ 呢[ne])

你　怎么　　　　来　晚了?
Nǐ　zěnme　　　　lái　wǎn le?

- 你怎么不睡觉呢?　Nǐ zěnme bú shuì jiào ne?

★ 晚 [wǎn] (시간적으로) 늦다

4 시량보어(时量补语 shíliàng bǔyǔ)(1)

가 동작이 지속되는 시간의 길이를 나타내는 보어를 '시량보어(时量补语 shíliàng bǔyǔ)'라고 한다.

> **어순** 주어 + 동사 + 목적어 + 동사 + 시량보어

我　等　她　等了 一个小时。
Wǒ　děng　tā　děng le yí ge xiǎoshí.

- 他吃饭吃了三十分钟。Tā chī fàn chī le sānshí fēnzhōng.
- 他昨天睡觉睡了七个小时。Tā zuótiān shuì jiào shuì le qī ge xiǎoshí.

나 목적어를 가지지 않는 동사(자동사)가 서술어일 경우 혹은 기존의 목적어를 생략하고 싶은 경우에는 동사를 반복하지 않아도 된다.

- 자동사: 我休息了三天。Wǒ xiūxi le sān tiān.

　　　　　我工作了两天。Wǒ gōngzuò le liǎng tiān.

- 목적어의 생략: 她睡了七个小时。Tā shuì le qī ge xiǎoshí.

❶ Nǐ zuótiān jǐ diǎn shuì jiào de? 你昨天几点睡觉的?

본문 课文 kèwén

1 도서관에서 함께 공부하기 위하여 경민과 리리는 아침 일찍 학교 정문에서 만난다.

金景民　莉莉，你昨天几点睡觉的？
Jīn Jǐngmín　Lìli, nǐ* zuótiān jǐ* diǎn* shuì jiào de?

王莉莉　凌晨两点。
Wáng Lìli　Língchén liǎng* diǎn.

金景民　是几点起的床？
Jīn Jǐngmín　Shì jǐ* diǎn* qǐ* de chuáng?

王莉莉　早上六点三刻。
Wáng Lìli　Zǎo*shang liù diǎn* sān kè.

金景民　你怎么只睡了四个多小时？
Jīn Jǐngmín　Nǐ* zěn me zhǐ* shuì le sì ge duō xiǎo*shí?

王莉莉　作业太多了，没办法。
Wáng Lìli　Zuòyè tài duō le, méi bànfǎ.

*：원래 제3성의 한자이지만 변조현상에 의해 제2성으로 발음되는 경우 색으로 표시하였다.
*：원래 제3성의 한자이지만 변조현상에 의해 반3성으로 발음되는 경우 색으로 표시하였다.
(제3성은 말하는 속도나 의미에 따라 다르게 발음될 수 있다. 이 책에서는 일반적인 성조 변화대로 표시하였다.)

새로 나온 단어

睡觉	shuì//jiào	(잠을) 자다
凌晨	língchén	새벽, 동틀 무렵
起床	qǐ//chuáng	일어나다
早上	zǎoshang	아침
刻	kè	15분을 세는 단위
怎么	zěnme	왜
睡	shuì	자다
小时	xiǎoshí	시간
办法	bànfǎ	방법, 수단

2 늦게까지 공부에 여념이 없는 리리를 경민이 걱정한다.

金景民　已经差五分八点了，休息一会儿吧。
Jīn Jǐngmín　Yǐjing chà wǔ fēn bā diǎn le, xiūxi yíhuìr ba.

王莉莉　好的。休息三十分钟吧。
Wáng Lìli　Hǎo de. Xiūxi sānshí fēnzhōng ba.

金景民　你每天都复习功课吗？
Jīn Jǐngmín　Nǐ měitiān dōu fùxí gōngkè ma?

王莉莉　是的。我每天晚上都复习旧课、预习新课。
Wáng Lìli　Shì de. Wǒ měitiān wǎnshang dōu fùxí jiù kè, yùxí xīn kè.

金景民　复习几个小时？
Jīn Jǐngmín　Fùxí jǐ ge xiǎoshí?

王莉莉　两个小时。
Wáng Lìli　Liǎng ge xiǎoshí.

Tip
'每(měi)……都(dōu)'
술어의 앞에 '每(měi)'를 포함하는 단어나 구가 출현하면, 대부분 뒤에 부사 '都(dōu)'가 따라온다.

새로 나온 단어

差	chà	부족하다, 모자르다
休息	xiūxi	쉬다
一会儿	yíhuìr	잠시, 잠깐
分钟	fēnzhōng	분(간)
每天	měitiān	매일
复习	fùxí	복습 ; 복습하다
功课	gōngkè	과제, (학교) 공부
晚上	wǎnshang	저녁
都	dōu	모두
旧课	jiù kè	배운 과, 지난 과
*旧	jiù	낡다, 오래되다
预习	yùxí	예습 ; 예습하다
新课	xīn kè	새로운 과, 배울 과
*新	xīn	새롭다

❶ Nǐ zuótiān jǐ diǎn shuì jiào de? 你昨天几点睡觉的?

문형연습 句型练习 jùxíng liànxí — 기본문형 익히기

我每天睡七个小时。
Wǒ měitiān shuì qī ge xiǎoshí.

- 学习两个小时 xuéxí liǎng ge xiǎoshí
- 预习半个小时 yùxí bàn ge xiǎoshí
- 复习四十分钟 fùxí sìshí fēnzhōng

现在差五分八点了。
Xiànzài chà wǔ fēn bā diǎn le.

- 十分两点 shí fēn liǎng diǎn
- 一刻四点 yí kè sì diǎn
- 一分一点 yì fēn yī diǎn

我是早上六点三刻起的床。
Wǒ shì zǎoshang liù diǎn sān kè qǐ de chuáng.

바꿔 봅시다!

- 上个月来的韩国　shàng ge yuè lái de Hánguó
- 坐地铁去的学校　zuò dìtiě qù de xuéxiào
- 和朋友们去的商店　hé péngyoumen qù de shāngdiàn

你怎么不起床呢?
Nǐ zěnme bù qǐ chuáng ne?

바꿔 봅시다!

- 睡觉　shuì//jiào
- 学习　xuéxí
- 吃饭　chī//fàn

단어 地铁 dìtiě 지하철 | 商店 shāngdiàn 상점

❶ Nǐ zuótiān jǐ diǎn shuì jiào de? 你昨天几点睡觉的？

연습문제 练习 liànxí

听 tīng 듣기

1. 남녀의 대화를 듣고 일치하는 그림을 찾으시오.

A
B
C

D
E

(1)    (2)    (3)

(4)   (5)

2. 남녀의 대화 내용에 근거하여 정답을 찾으시오.

(1) A: 女的也想去饭馆儿　　B: 女的不想去饭馆儿　　C: 女的不想做晚饭

(2) A: 不想起床　　B: 不想去学校　　C: 星期天打算去朋友家

(3) A: 半个小时　　B: 五十分钟　　C: 一个小时

(4) A: 学校　　B: 超市　　C: 医院

(5) A: 十岁　　B: 五岁　　C: 十五岁

단어　意思 yìsi 의미, 뜻　可能 kěnéng 아마도 ……일 것이다

阅读 yuèdú 읽기

1. 보기에서 적당한 단어를 골라 빈칸을 채우시오.

   | 보기 | 怎么 zěnme   吧 ba   的 de   都 dōu   个 ge |

   (1) 你今天是几点起(　　　)床?　　Nǐ jīntiān shì jǐ diǎn qǐ (　　　) chuáng?

   (2) 我姐姐今天睡了十(　　　)小时。　　Wǒ jiějie jīntiān shuì le shí (　　　) xiǎoshí.

   (3) 你(　　　)只睡了四个小时?　　Nǐ (　　　) zhǐ shuì le sì ge xiǎoshí?

   (4) 我弟弟每天(　　　)复习旧课、预习新课，是一个好学生。
      Wǒ dìdi měitiān (　　　) fùxí jiù kè, yùxí xīn kè, shì yí ge hǎo xuésheng.

   (5) 好，你们休息五分钟(　　　)。　　Hǎo, nǐmen xiūxi wǔ fēnzhōng (　　　).

2. 지문을 보고 옳고 그름을 판단하시오.

   (1) 现在差一刻九点，他已经复习了两个小时。
      Xiànzài chà yí kè jiǔ diǎn, tā yǐjing fùxí le liǎng ge xiǎoshí.

      ★ 现在是八点三刻。Xiànzài shì bā diǎn sān kè. (　　　)

   (2) 明天是星期六，我打算和朋友去看电影。
      Míngtiān shì xīngqīliù, wǒ dǎsuan hé péngyou qù kàn diànyǐng.

      ★ 昨天是星期五。Zuótiān shì xīngqīwǔ. (　　　)

   (3) 学校附近就有一个超市。我常去那儿买东西。
      Xuéxiào fùjìn jiù yǒu yí ge chāoshì. Wǒ cháng qù nàr mǎi dōngxi.

      ★ 学校附近有很多超市。Xuéxiào fùjìn yǒu hěn duō chāoshì. (　　　)

   (4) 我妈妈很喜欢看电视。她每天晚上都看两个小时。
      Wǒ māma hěn xǐhuan kàn diànshì. Tā měitiān wǎnshang dōu kàn liǎng ge xiǎoshí.

      ★ 我妈妈昨天也看了电视。Wǒ māma zuótiān yě kàn le diànshì. (　　　)

电视 diànshì 텔레비전

说 shuō 말하기

물음에 답하시오.

(1) 你今天几点起床的? Nǐ jīntiān jǐ diǎn qǐ chuáng de?

(2) 你一天睡几个小时? Nǐ yì tiān shuì jǐ ge xiǎoshí?

(3) 你一天看电视看几个小时? Nǐ yì tiān kàn diànshì kàn jǐ ge xiǎoshí?

(4) 你每天都复习汉语吗? Nǐ měitiān dōu fùxí Hànyǔ ma?

(5) 你昨天预习汉语了吗? Nǐ zuótiān yùxí Hànyǔ le ma?

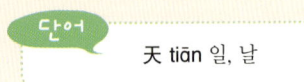

단어

天 tiān 일, 날

写 xiě 쓰기

다음을 중국어로 작문하시오.

(1) 지금은 2시 5분 전입니다.

_____

(2) 저는 매일 저녁에 두 시간 복습을 합니다.

_____

(3) 저는 어제 4시간 밖에 자지 못했습니다.

_____

(4) 우리 30분간 쉽시다.

_____

(5) 당신은 오늘 아침에 몇 시에 일어났습니까?

_____

第二课

学校里有一个邮局。

Xuéxiào li yǒu yí ge yóujú.

학습목표

방위사 '里[li]'의 용법　　学校里 xuéxiào li

접미사 '边[bian]'의 용법　　右边 yòubian

조동사 '要[yào]'의 용법(1)
我也要买纪念邮票。Wǒ yě yào mǎi jìniàn yóupiào.

개사 '给[gěi]'의 용법(1)
你常给爸爸妈妈写信吗?
Nǐ cháng gěi bàba māma xiě xìn ma?

인칭대명사 '咱们[zánmen]'과 '我们[wǒmen]'

단어 生词 shēngcí

- ☐☐ 01 里 lǐ　　　　　　명 안, 속

* 里 li 방 명사의 뒤에서 장소, 범위 등을 나타낸다.

- ☐☐ 02 邮局 yóujú　　　　명 우체국
- ☐☐ 03 哇 wa　　　　　　조 어기 조사
- ☐☐ 04 看见 kànjiàn　　　동 보다, 보이다
- ☐☐ 05 校门口 xiàoménkǒu　교문 입구
- ☐☐ 06 右边 yòubian　　　방 오른쪽
- ☐☐ 07 大楼 dàlóu　　　　명 건물
- ☐☐ 08 呀 ya　　　　　　조 어기 조사
- ☐☐ 09 要 yào　　　　　조동 ……하려고 하다, ……해야 한다
- ☐☐ 10 寄 jì　　　　　　동 (우편물 따위를) 부치다, 보내다
- ☐☐ 11 给 gěi　　　　　개 ……에게
- ☐☐ 12 封 fēng　　　　　양 편지를 세는 양사. 통
- ☐☐ 13 信 xìn　　　　　명 편지
- ☐☐ 14 纪念 jìniàn　　　명 기념; 동 기념하다
- ☐☐ 15 邮票 yóupiào　　명 우표
- ☐☐ 16 咱们 zánmen　　대 우리
- ☐☐ 17 写 xiě　　　　　동 쓰다
- ☐☐ 18 发 fā　　　　　　동 보내다
- ☐☐ 19 电子邮件 diànzǐ yóujiàn　명 이메일
- ☐☐ 20 真 zhēn　　　　　부 정말, 참으로
- ☐☐ 21 女儿 nǚ'ér　　　　명 딸

怎么写? zěnme xiě?

획순	邮 邝 邝 由 邮 邮 邮							총7획
邮 yóu	邮	邮	邮					

획순	边 边 边 边 边							총5획
边 biān	边	边	边					

획순	寄 寄 寄 寄 寄 寄 寄 寄 寄 寄 寄							총11획
寄 jì	寄	寄	寄					

획순	给 给 给 给 给 给 给 给 给							총9획
给 gěi	给	给	给					

획순	发 发 发 发 发							총5획
发 fā	发	发	发					

획순	电 口 曰 甴 电							총5획
电 diàn	电	电	电					

❷ Xuéxiào li yǒu yí ge yóujú. 学校里有一个邮局。

문법 语法 yǔfǎ

1

㉮ 방위사 '里[li]'의 용법

명사의 뒤에 쓰여서 명사를 장소화하며 '……의 안'이라는 뜻을 나타낸다. 단어의 첫 머리에 쓰이면 제3성, 마지막에 쓰이면 경성으로 소리난다.

| 어순 | 명사 + 里[li] |

手　　里
shǒu　li

- 房间里 fángjiān li

* 手 [shǒu] 손　房间 [fángjiān] 방

㉯ 접미사 '边[bian]'의 용법

방위사 里[lǐ], 外[wài], 左[zuǒ], 右[yòu], 上[shàng], 下[xià], 前[qián], 后[hòu] 따위의 뒤에 쓰여서 '……쪽'이라는 뜻을 나타낸다.

| 어순 | 방위사 + 边[bian] |

里　　边
lǐ　　bian

- 里边 lǐbian ↔ 外边 wàibian
- 右边 yòubian ↔ 左边 zuǒbian

* 外边 [wàibian] 바깥쪽　左边 [zuǒbian] 왼쪽

2 조동사 '要[yào]'의 용법(1)

㉮ 의지: '……하려고 하다', '……하고 싶다'는 뜻을 나타낸다. 부정문은 '不想 [bù xiǎng]'을 사용한다.

- 긍정: 你要看吗? Nǐ yào kàn ma?
- 부정: 我不想看。Wǒ bù xiǎng kàn.

㉯ 당연: '……해야 한다', '……하지 않으면 안 된다'는 뜻을 나타낸다. 부정문은 '不用 [búyòng]' 혹은 '不必 [búbì]'를 사용한다.

- 긍정: 我们要努力学习。Wǒmen yào nǔlì xuéxí.

- 부정: 我们不用学习。Wǒmen búyòng xuéxí.

  ★ 努力 [nǔlì] 노력하다, 열심히 하다

3 개사 '给[gěi]'의 용법(1)

> **어순** 给[gěi] + 사람 + 동사

㉮ 물건을 받는 사람을 가리킨다.

- 我给她送一本书。Wǒ gěi tā sòng yì běn shū.
- 他给我买了一个本子。Tā gěi wǒ mǎi le yí ge běnzi.

㉯ 동작이나 행위가 향하는 대상을 가리킨다.

- 我要给女朋友打电话。 Wǒ yào gěi nǚpéngyou dǎ diànhuà.
- 请你给我看看。Qǐng nǐ gěi wǒ kànkan.

  ★ 送 [sòng] 주다, 선물하다   本 [běn] 책을 세는 양사. 권   书 [shū] 책   打 [dǎ] (전화 따위를) 걸다

4 인칭대명사 '咱们[zánmen]'과 '我们[wǒmen]'

'我们[wǒmen]'은 '나'를 포함하는 그룹만을 지칭하지만, '咱们[zánmen]'에는 나와 상대방이 모두 포함된다.

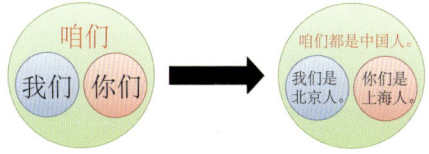

- 我们是北京人。 你们是上海人。咱们('我们' + '你们')都是中国人。

  Wǒmen shì Běijīngrén. Nǐmen shì Shànghǎirén. Zánmen dōu shì Zhōngguórén.

- 现在我们去吃午饭。咱们一起去吧！

  Xiànzài wǒmen qù chī wǔfàn. Zánmen yìqǐ qù ba!

  ★ 上海 [Shànghǎi] 상해, 상하이   午饭 [wǔfàn] 점심밥, 점심 식사

본문 课文 kèwén

1 부모님께 부쳐야 할 편지를 한 손에 들고 리리가 경민의 어깨를 툭툭 치면서 말을 건다.

王莉莉　学校里有没有邮局?
Wáng Lìli　Xuéxiào li yǒu méiyǒu yóujú?

金景民　有哇。
Jīn Jǐngmín　Yǒu wa.

> **Tip**
> (1) 'u', 'ao', 'ou'의 뒤에 조사 '啊(a)'가 올 경우, 앞 운모의 영향을 받아 자연스럽게 '哇(wa)'로 소리난다.
> (2) 'a', 'e', 'i', 'o', 'ü'의 뒤에 조사 '啊(a)'가 올 경우, 앞 운모의 영향을 받아 자연스럽게 '呀(ya)'로 소리난다.

王莉莉　在哪儿呢? 我怎么没看见?
Wáng Lìli　Zài nǎr ne? Wǒ zěnme méi kànjiàn?

金景民　就在校门口右边的大楼里呀。你要寄什么?
Jīn Jǐngmín　Jiù zài xiàoménkǒu yòubian de dàlóu li ya. Nǐ yào jì shénme?

王莉莉　我想给爸爸妈妈寄一封信。
Wáng Lìli　Wǒ xiǎng gěi bàba māma jì yì fēng xìn.

金景民　我也要买纪念邮票。咱们一起去吧。
Jīn Jǐngmín　Wǒ yě yào mǎi jìniàn yóupiào. Zánmen yìqǐ qù ba.

새로 나온 단어

里	lǐ	안, 속
*里	li	명사의 뒤에서 장소, 범위 등을 나타낸다.
邮局	yóujú	우체국
哇	wa	어기 조사
看见	kànjiàn	보다, 보이다
校门口	xiàoménkǒu	교문 입구
右边	yòubian	오른쪽
大楼	dàlóu	건물
呀	ya	어기 조사
要	yào	……하려고 하다, ……해야 한다
寄	jì	(우편물 따위를) 부치다, 보내다
给	gěi	……에게
封	fēng	편지를 세는 양사. 통
信	xìn	편지
纪念	jìniàn	기념; 기념하다
邮票	yóupiào	우표
咱们	zánmen	우리

2 우체국에서 편지를 부치고 웃으며 돌아보는 리리에게 경민이 문득 떠오른 궁금한 점을 묻는다.

金景民 Jīn Jǐngmín	你常给爸爸妈妈写信吗? Nǐ cháng gěi bàba māma xiě xìn ma?
王莉莉 Wáng Lìli	常写。 Cháng xiě.
金景民 Jīn Jǐngmín	怎么不发电子邮件呢? Zěnme bù fā diànzǐ yóujiàn ne?
王莉莉 Wáng Lìli	电子邮件也发。 Diànzǐ yóujiàn yě fā. 我每天晚上都给他们发电子邮件。 Wǒ měitiān wǎnshang dōu gěi tāmen fā diànzǐ yóujiàn.
金景民 Jīn Jǐngmín	你真是个好女儿。 Nǐ zhēn shì ge hǎo nǚ'ér.

새로 나온 단어

写	xiě	쓰다		真	zhēn	정말, 참으로
发	fā	보내다		女儿	nǚ'ér	딸
电子邮件	diànzǐ yóujiàn	이메일				

❷ Xuéxiào li yǒu yí ge yóujú. 学校里有一个邮局。

문형연습 句型练习 jùxíng liànxí 기본문형 익히기

学校里有一个邮局。
Xuéxiào li yǒu yí ge yóujú.

바꿔 봅시다! / **바꿔 봅시다!**

我的房间 wǒ de fángjiān   一个电话 yí ge diànhuà
超市 chāoshì   很多东西 hěn duō dōngxi
教学楼 jiàoxuélóu   很多人 hěn duō rén

我常给爸爸妈妈写信。
Wǒ cháng gěi bàba māma xiě xìn.

바꿔 봅시다!

哥哥姐姐发电子邮件 gēge jiějie fā diànzǐ yóujiàn
弟弟妹妹买面包 dìdi mèimei mǎi miànbāo
朋友们买纪念邮票 péngyoumen mǎi jìniàn yóupiào

단어
房间 fángjiān 방

我要买纪念邮票。
Wǒ yào mǎi jìnián yóupiào.

바꿔 봅시다!

喝中国茶 hē Zhōngguóchá

打电话 dǎ diànhuà

上课 shàng//kè

咱们一起去邮局吧。
Zánmen yìqǐ qù yóujú ba.

바꿔 봅시다!

商店 shāngdiàn

吃饭 chī//fàn

喝咖啡 hē kāfēi

단어 打 dǎ (전화 따위를) 걸다 | 上课 shàng//kè 수업하다 | 商店 shāngdiàn 상점

❷ Xuéxiào li yǒu yí ge yóujú. 学校里有一个邮局。

연습문제 练习 liànxí

听 tīng 듣기

1. 남녀의 대화를 듣고 일치하는 그림을 찾으시오.

A    B    C

D    E

(1)    (2)    (3)

(4)    (5)

> 단어
> 房间 fángjiān 방

2. 남녀의 대화 내용에 근거하여 정답을 찾으시오.

　(1) A: 校门口　　　　B: 饭馆儿　　　　C: 回家

　(2) A: 在医院里　　　B: 在家里　　　　C: 在超市里

　(3) A: 妈妈　　　　　B: 爸爸　　　　　C: 奶奶和妈妈

　(4) A: 吃饭　　　　　B: 买邮票　　　　C: 打电话

　(5) A: 今天下午　　　B: 昨天上午　　　C: 昨天下午

> 단어
> 可能 kěnéng 아마도 ……일 것이다　对话 duìhuà 대화　提到 tídào 언급하다
> 打 dǎ (전화 따위를) 걸다　上午 shàngwǔ 오전　下午 xiàwǔ 오후

阅读 yuèdú 읽기

1. 보기에서 적당한 단어를 골라 빈칸을 채우시오.

| 보기 | 发 fā | 里 li | 怎么 zěnme | 封 fēng | 在 zài |

(1) 邮局（　　　）校门口右边。　　Yóujú (　　　) xiàoménkǒu yòubian.

(2) 我要寄一（　　　）信。　　Wǒ yào jì yì (　　　) xìn.

(3) 我要给老师（　　　）一封电子邮件。
　　Wǒ yào gěi lǎoshī (　　　) yì fēng diànzǐ yóujiàn.

(4) 你昨天（　　　）没来学校呢?　　Nǐ zuótiān (　　　) méi lái xuéxiào ne?

(5) 教学楼（　　　）有很多人。　　Jiàoxuélóu (　　　) yǒu hěn duō rén.

2. 지문을 보고 옳고 그름을 판단하시오.

(1) 我家附近就有一个超市。我上个星期六去那儿买了很多东西。
　　Wǒ jiā fùjìn jiù yǒu yí ge chāoshì. Wǒ shàng ge xīngqīliù qù nàr mǎi le hěn duō dōngxi.

　　★ 我星期六要去超市买东西。　Wǒ xīngqīliù yào qù chāoshì mǎi dōngxi. (　　　)

(2) 我同屋的男朋友今年二十六岁，属猪。他很喜欢吃猪肉，今天晚上也吃了猪排骨。
　　Wǒ tóngwū de nánpéngyou jīnnián èrshíliù suì, shǔ zhū. Tā hěn xǐhuan chī zhūròu, jīntiān wǎnshang yě chī le zhūpáigǔ.

　　★ 我的男朋友属猪。Wǒ de nánpéngyou shǔ zhū. (　　　)

(3) 我右边的这个人就是我哥哥。我哥哥在医院工作。他工作很忙，每天都只睡四个小时。
　　Wǒ yòubian de zhè ge rén jiù shì wǒ gēge. Wǒ gēge zài yīyuàn gōngzuò. Tā gōngzuò hěn máng, měitiān dōu zhǐ shuì sì ge xiǎoshí.

　　★ 我哥哥不是老师。Wǒ gēge bú shì lǎoshī. (　　　)

(4) 我们学校很大。学校里有教学楼，也有邮局。我常去那儿买纪念邮票。
　　Wǒmen xuéxiào hěn dà. Xuéxiào li yǒu jiàoxuélóu, yě yǒu yóujú. Wǒ cháng qù nàr mǎi jìniàn yóupiào.

　　★ 我常去学校里的邮局。Wǒ cháng qù xuéxiào li de yóujú. (　　　)

> **단어**
> 上个星期六 shàng ge xīngqīliù 지난 주 토요일

❷ Xuéxiào li yǒu yí ge yóujú. 学校里有一个邮局。

说 shuō 말하기

물음에 답하시오.

(1) 你们学校里有没有邮局? Nǐmen xuéxiào li yǒu méiyǒu yóujú?

(2) 你给爸爸妈妈写过信吗? Nǐ gěi bàba māma xiě guo xìn ma?

(3) 你给爸爸妈妈发过电子邮件吗? Nǐ gěi bàba māma fā guo diànzǐ yóujiàn ma?

(4) 你的房间里有没有电话? Nǐ de fángjiān li yǒu méiyǒu diànhuà?

(5) 你今天给妈妈打过电话吗? Nǐ jīntiān gěi māma dǎ guo diànhuà ma?

房间 fángjiān 방　打 dǎ (전화 따위를) 걸다

写 xiě 쓰기

다음을 중국어로 작문하시오.

(1) 우리 학교에는 우체국이 없습니다.

(2) 저는 선생님에게 이메일을 한 통 보냈습니다.

(3) 저는 어머니에게 편지를 한 통 부쳤습니다.

(4) 우체국은 바로 교문 오른쪽 건물 안에 있습니다.

(5) 당신은 참 좋은 딸이군요.

第三课

银行离这儿不远。
Yínháng lí zhèr bù yuǎn.

학습목표

길 묻고 답하기

개사 '离[lí]'의 용법　　　　离这儿近吗? Lí zhèr jìn ma?

개사 '向[xiàng]'의 용법(1)　向左拐 xiàng zuǒ guǎi

'又[yòu]……又[yòu]……'의 용법
又好吃又便宜。Yòu hǎochī yòu piányi.

단어 生词 shēngcí

- ☐☐ 01 银行 yínháng 명 은행
- ☐☐ 02 换 huàn 동 바꾸다
- ☐☐ 03 走 zǒu 동 (떠나)가다, 걷다
- ☐☐ 04 离 lí 개 ……에서, ……으로부터
- ☐☐ 05 近 jìn 형 가깝다
- ☐☐ 06 到 dào 동 도착하다
- ☐☐ 07 前边 qiánbian 방 앞, 앞쪽
- ☐☐ 08 十字路口 shízì lùkǒu 명 사거리, 교차로
- ☐☐ 09 向 xiàng 개 ……쪽으로
- ☐☐ 10 左 zuǒ 방 왼쪽
  - *左边 zuǒbian 방 왼쪽
- ☐☐ 11 拐 guǎi 동 꺾다, (방향을) 바꾸다
- ☐☐ 12 平时 píngshí 명 평소
- ☐☐ 13 午饭 wǔfàn 명 점심밥, 점심 식사
- ☐☐ 14 食堂 shítáng 명 구내 식당
- ☐☐ 15 又……又…… yòu……yòu…… ……하기도 하고 ……하기도 하다
- ☐☐ 16 便宜 piányi 형 (가격이) 싸다

怎么写? zěnme xiě?

| 획순 | 银 银 银 银 银 银 银 银 银 银 | 총11획 |

| 银 | 银 | 银 | 银 | | | | | | | |
| yín | | | | | | | | | | |

| 획순 | 换 换 换 换 换 换 换 换 换 换 | 총10획 |

| 换 | 换 | 换 | 换 | | | | | | | |
| huàn | | | | | | | | | | |

| 획순 | 离 离 离 离 离 离 离 离 离 离 | 총10획 |

| 离 | 离 | 离 | 离 | | | | | | | |
| lí | | | | | | | | | | |

| 획순 | 拐 拐 拐 拐 拐 拐 拐 拐 | 총8획 |

| 拐 | 拐 | 拐 | 拐 | | | | | | | |
| guǎi | | | | | | | | | | |

| 획순 | 平 平 平 平 平 | 총5획 |

| 平 | 平 | 平 | 平 | | | | | | | |
| píng | | | | | | | | | | |

| 획순 | 午 午 午 午 | 총4획 |

| 午 | 午 | 午 | 午 | | | | | | | |
| wǔ | | | | | | | | | | |

❸ Yínháng lí zhèr bù yuǎn. 银行离这儿不远.

문법 语法 yǔfǎ

1 길 묻고 답하기

㉮ 길 묻기

> 어순: 목적지 + 怎么走[zěnme zǒu]

图书馆　　怎么走?
Túshūguǎn zěnme zǒu?

- 银行怎么走? Yínháng zěnme zǒu?

* 图书馆 [túshūguǎn] 도서관

㉯ 도보로 갈 수 있는 장소에 대한 대답

> 어순: (到[dào]) + 특정장소 + 向[xiàng] + 방향 + 拐就是[guǎi jiù shì]

到　　学校食堂　　向　　右　　拐就是。
Dào　xuéxiào shítáng　xiàng　yòu　guǎi jiù shì.

- 到十字路口向左拐就是。Dào shízì lùkǒu xiàng zuǒ guǎi jiù shì.

2 개사 '离[lí]'의 용법

'……으로부터'라는 뜻으로, 두 지점 사이의 시간적·공간적 차이를 나타낼 때, 기준 지점(시점)을 목적어로 가진다.

- 시간적 기준: 离春节有两个星期。Lí Chūn Jié yǒu liǎng ge xīngqī.
- 공간적 기준: 我家离地铁站有一公里。Wǒ jiā lí dìtiězhàn yǒu yì gōnglǐ.
  　　　　　 我家离学校很远。 Wǒ jiā lí xuéxiào hěn yuǎn.

* 春节 [Chūn Jié] 설, 구정　地铁站 [dìtiězhàn] 지하철 역　公里 [gōnglǐ] 킬로미터(km)

3 개사 '向[xiàng]'의 용법(1)

동작이 진행되는 방향을 표시한다.

> 어순   向[xiàng] + 방향 + 동사

向 前 看。
Xiàng qián kàn.

- 向右拐。Xiàng yòu guǎi.

4 '又[yòu]……又[yòu]……'의 용법

'……하기도 하고 ……하기도 하다'는 뜻으로, 두 가지(혹은 그 이상)의 동작, 상태, 상황이 중복하여 발생함을 나타낸다.

- 中国菜又好看又好吃。Zhōngguócài yòu hǎokàn yòu hǎochī.
- 他又聪明又可爱。Tā yòu cōngming yòu kě'ài.
- 我爸爸又会说英语又会说汉语。Wǒ bàba yòu huì shuō Yīngyǔ yòu huì shuō Hànyǔ.

* 聪明 [cōngming] 똑똑하다   可爱 [kě'ài] 귀엽다   英语 [Yīngyǔ] 영어

❸ Yínháng lí zhèr bù yuǎn. 银行离这儿不远。

본문 课文 kèwén

1 지갑을 꺼내어 들여다보고 있던 리리가 마침 강의동에서 나오던 경민을 발견한다.

王莉莉　我没有钱了，要去银行换钱。
Wáng Lìli　Wǒ méiyǒu qián le, yào qù yínháng huàn qián.

金景民　这儿附近就有一个银行。
Jīn Jǐngmín　Zhèr fùjìn jiù yǒu yí ge yínháng.

王莉莉　怎么走呢? 离这儿近吗?
Wáng Lìli　Zěnme zǒu ne? Lí zhèr jìn ma?

金景民　不远。到前边的十字路口向左拐就是。
Jīn Jǐngmín　Bù yuǎn. Dào qiánbian de shízì lùkǒu xiàng zuǒ guǎi jiù shì.

王莉莉　你可以和我一起去吗?
Wáng Lìli　Nǐ kěyǐ hé wǒ yìqǐ qù ma?

金景民　行，没问题。
Jīn Jǐngmín　Xíng, méi wèntí.

새로 나온 단어

银行	yínháng	은행	前边	qiánbian	앞, 앞쪽
换	huàn	바꾸다	十字路口	shízì lùkǒu	사거리, 교차로
走	zǒu	(떠나)가다, 걷다	向	xiàng	……쪽으로
离	lí	……에서, ……으로부터	左	zuǒ	왼쪽
近	jìn	가깝다	*左边	zuǒbian	왼쪽
到	dào	도착하다	拐	guǎi	꺾다, (방향을) 바꾸다

2 은행에서 필요한 만큼 돈을 환전하고 두 사람은 다시 학교로 돌아간다.

王莉莉　你平时去哪儿吃午饭？
Wáng Lìli　Nǐ píngshí qù nǎr chī wǔfàn?

金景民　学校食堂。
Jīn Jǐngmín　Xuéxiào shítáng.

王莉莉　那儿的菜好吃吗？
Wáng Lìli　Nàr de cài hǎochī ma?

金景民　又好吃又便宜，离教学楼也很近。
Jīn Jǐngmín　Yòu hǎochī yòu piányi, lí jiàoxuélóu yě hěn jìn.

王莉莉　今天也去学校食堂吃吗？
Wáng Lìli　Jīntiān yě qù xuéxiào shítáng chī ma?

金景民　是的。你也一起去吧。
Jīn Jǐngmín　Shì de. Nǐ yě yìqǐ qù ba.

새로 나온 단어

平时	píngshí	평소	又……又……	yòu……yòu……	……하기도 하고 ……하기도 하다
午饭	wǔfàn	점심밥, 점심 식사	便宜	piányi	(가격이) 싸다
食堂	shítáng	구내 식당			

❸ Yínháng lí zhèr bù yuǎn. 银行离这儿不远。

문형연습 句型练习 jùxíng liànxí 기본문형 익히기

我家离学校不远。
Wǒ jiā lí xuéxiào bù yuǎn.

바꿔 봅시다!

教学楼 jiàoxuélóu	食堂 shítáng
宿舍 sùshè	教学楼 jiàoxuélóu
银行 yínháng	邮局 yóujú

学校食堂的菜又便宜又好吃。
Xuéxiào shítáng de cài yòu piányi yòu hǎochī.

바꿔 봅시다!

那家超市的东西 nà jiā chāoshì de dōngxi	便宜 piányi	好 hǎo
那家商店的衣服 nà jiā shāngdiàn de yīfu	便宜 piányi	漂亮 piàoliang
我们学校的教室 wǒmen xuéxiào de jiàoshì	大 dà	干净 gānjìng

단어 宿舍 sùshè 기숙사 | 商店 shāngdiàn 상점 | 衣服 yīfu 옷 | 教室 jiàoshì 교실 | 干净 gānjìng 깨끗하다, 청결하다

到十字路口向左拐就是银行。
Dào shízì lùkǒu xiàng zuǒ guǎi jiù shì yínháng.

바꿔 봅시다!

教学楼 jiàoxuélóu

邮局 yóujú

前边的饭馆儿 qiánbian de fànguǎnr

你平时去哪儿吃午饭?
Nǐ píngshí qù nǎr chī wǔfàn?

바꿔 봅시다!

买衣服 mǎi yīfu

买东西 mǎi dōngxi

换钱 huàn qián

❸ Yínháng lí zhèr bù yuǎn. 银行离这儿不远。

연습문제 练习 liànxí

听 tīng 듣기

1. 남녀의 대화를 듣고 일치하는 그림을 찾으시오.

A    B    C

D    E

(1)    (2)    (3)

(4)   (5)

> **단어** 同学 tóngxué 동창, 동급생   美国人 Měiguórén 미국인   请问 qǐngwèn 잠깐 여쭙겠습니다, 실례합니다

2. 남녀의 대화 내용에 근거하여 정답을 찾으시오.

(1) A: 十字路口的右边　　B: 十字路口的前边　　C: 十字路口的左边

(2) A: 在饭馆儿　　　　　B: 在食堂　　　　　　C: 在家

(3) A: 学校　　　　　　　B: 手机店　　　　　　C: 银行

(4) A: 要做作业　　　　　B: 要复习功课　　　　C: 要预习功课

(5) A: 女的的爸爸妈妈　　B: 女的的爸爸　　　　C: 女的的妈妈

> **단어** 可能 kěnéng 아마 ······일 것이다   晚饭 wǎnfàn 저녁밥, 저녁 식사
> 为什么 wèishénme 왜   日本 Rìběn 일본

阅读 yuèdú 읽기

1. 보기에서 적당한 단어를 골라 빈칸을 채우시오.

   보기   离 lí   向 xiàng   又……又…… yòu……yòu……   就 jiù   怎么 zěnme

   (1) 这家饭馆儿的菜（　　）便宜（　　）好吃。
      Zhè jiā fànguǎnr de cài (　　) piányi (　　) hǎochī.

   (2) 食堂（　　）教学楼很近。　　Shítáng (　　) jiàoxuélóu hěn jìn.

   (3) 请问，银行（　　）走?　　Qǐngwèn, yínháng (　　) zǒu?

   (4) 到十字路口（　　）右拐就是银行。
      Dào shízì lùkǒu (　　) yòu guǎi jiù shì yínháng.

   (5) 我家前边（　　）有一个邮局。Wǒ jiā qiánbian (　　) yǒu yí ge yóujú.

2. 지문을 보고 옳고 그름을 판단하시오.

   (1) 小王很喜欢买衣服，她昨天去商店买了很多衣服。现在没有钱了。
      Xiǎo Wáng hěn xǐhuan mǎi yīfu, tā zuótiān qù shāngdiàn mǎi le hěn duō yīfu. Xiànzài méiyǒu qián le.

      ★ 小王的衣服很多。Xiǎo Wáng de yīfu hěn duō. (　　)

   (2) 今天是星期五，银行里人真多。我已经在银行等了一个小时了。
      Jīntiān shì xīngqīwǔ, yínháng li rén zhēn duō. Wǒ yǐjing zài yínháng děng le yí ge xiǎoshí le.

      ★ 我现在在银行。Wǒ xiànzài zài yínháng. (　　)

   (3) 十字路口向左拐就有一家咖啡厅。那家咖啡厅的咖啡又好喝又便宜。
      Shízì lùkǒu xiàng zuǒ guǎi jiù yǒu yì jiā kāfēitīng. Nà jiā kāfēitīng de kāfēi yòu hǎohē yòu piányi.

      ★ 那家咖啡厅的咖啡很贵。Nà jiā kāfēitīng de kāfēi hěn guì. (　　)

❸ Yínháng lí zhèr bù yuǎn. 银行离这儿不远。

(4) 我家离学校很近。我平时每天都回家吃午饭。今天也打算回家吃。
Wǒ jiā lí xuéxiào hěn jìn. Wǒ píngshí měitiān dōu huí jiā chī wǔfàn. Jīntiān yě dǎsuan huí jiā chī.

★ 现在是晚上。Xiànzài shì wǎnshang.（　　）

> **단어** 衣服 yīfu 옷　商店 shāngdiàn 상점　咖啡厅 kāfēitīng 커피숍　贵 guì 비싸다

说 shuō 말하기

물음에 답하시오.

(1) 你家离学校远不远？ Nǐ jiā lí xuéxiào yuǎn bu yuǎn?

(2) 你家离公共汽车站远吗？ Nǐ jiā lí gōnggòng qìchēzhàn yuǎn ma?

(3) 你平时去哪儿吃午饭？ Nǐ píngshí qù nǎr chī wǔfàn?

(4) 你妈妈做的菜好吃吗？ Nǐ māma zuò de cài hǎochī ma?

(5) 学校附近有没有银行？ Xuéxiào fùjìn yǒu méiyǒu yínháng?

> **단어** 公共汽车站 gōnggòng qìchēzhàn 버스 정류장

写 xiě 쓰기

다음을 중국어로 작문하시오.

(1) 우리 집은 학교에서 멀지 않습니다. _____

(2) 사거리에 도착하면 왼쪽으로 꺾으세요. _____

(3) 학교 식당의 음식은 싸고 맛있습니다. _____

(4) 저는 지금 돈이 떨어졌습니다. 은행에 환전하러 가야 합니다.
_____

(5) 강의동에는 어떻게 갑니까? _____

第四课

今天上午有课还是下午有课?

Jīntiān shàngwǔ yǒu kè háishi xiàwǔ yǒu kè?

학습목표

개사구 '从[cóng] + A + 到[dào] + B'의 용법
从周一到周五我每天都有课。
Cóng zhōuyī dào zhōuwǔ wǒ měitiān dōu yǒu kè.

선택의문문을 만드는 접속사 '还是[háishi]'의 용법
今天上午有课还是下午有课?
Jīntiān shàngwǔ yǒu kè háishi xiàwǔ yǒu kè?

접속사 '或者[huòzhě]'의 용법
看书或者上网聊天。
Kàn shū huòzhě shàng wǎng liáo tiān.

구조조사 '的[de]'의 용법(2)
我最喜欢的演员 wǒ zuì xǐhuan de yǎnyuán

단어 生词 shēngcí

□□ 01	课	kè	명	수업
□□ 02	从	cóng	개	……에서, ……으로부터
□□ 03	周一	zhōuyī	명	월요일

*周二 zhōu'èr 명 화요일   *周三 zhōusān 명 수요일

*周四 zhōusì 명 목요일   *周五 zhōuwǔ 명 금요일

*周六 zhōuliù 명 토요일   *周日 zhōurì 명 일요일

□□ 04	到	dào	개	……까지
□□ 05	上午	shàngwǔ	명	오전
□□ 06	还是	háishi	접	선택의문문을 만드는 접속사. ……인가 아니면……인가?
□□ 07	下午	xiàwǔ	명	오후
□□ 08	节	jié	양	수업 시간을 세는 양사
□□ 09	周末	zhōumò	명	주말
□□ 10	书	shū	명	책
□□ 11	或者	huòzhě	접	…… 혹은 ……
□□ 12	上网	shàng//wǎng	동	인터넷에 접속하다, 인터넷을 하다
□□ 13	聊天	liáo//tiān	동	한담하다, 잡담을 나누다
□□ 14	请	qǐng	동	(식사나 파티 따위에) 초대하다, 한턱 내다
□□ 15	电影	diànyǐng	명	영화
□□ 16	演员	yǎnyuán	명	배우
□□ 17	香港	Xiānggǎng	고유명사	홍콩
□□ 18	成龙	Chéng Lóng	고유명사	성룡

怎么写? zěnme xiě?

| 획순 | 乛 书 书 书 | | | | | | | | | 총4획 |

书 shū

| 획순 | 者 者 者 者 者 者 者 者 | | | | | | | | | 총8획 |

者 zhě

| 획순 | 冂 冂 冂 冈 网 网 | | | | | | | | | 총6획 |

网 wǎng

| 획순 | 聊 聊 聊 聊 聊 聊 聊 聊 聊 聊 聊 | | | | | | | | | 총11획 |

聊 liáo

| 획순 | 影 影 影 影 影 影 影 影 影 影 影 影 影 影 影 | | | | | | | | | 총15획 |

影 yǐng

| 획순 | 龙 龙 龙 龙 龙 | | | | | | | | | 총5획 |

龙 lóng

④ Jīntiān shàngwǔ yǒu kè háishi xiàwǔ yǒu kè? 今天上午有课还是下午有课?

문법 语法 yǔfǎ

1 개사구 '从[cóng] + A + 到[dào] + B'의 용법

'A'에는 출발 지점(공간) 혹은 출발 시점(시각)을, 'B'에는 도착 지점 혹은 도착 시점을 넣어서 'A에서 B까지'를 나타낸다.

- 공간: 从我家到学校要走十分钟。 Cóng wǒ jiā dào xuéxiào yào zǒu shí fēnzhōng.
- 시각: 我每天从九点到十点看电视。 Wǒ měitiān cóng jiǔ diǎn dào shí diǎn kàn diànshì.

* 电视 [diànshì] 텔레비전

2 선택의문문을 만드는 접속사 '还是[háishi]'의 용법

둘 혹은 둘 이상의 가능성을 제시하여 상대방에게 그 중 하나를 선택하도록 요구하는 의문문을 만든다.

> 어순   A + 还是[háishi] + B (+ 还是[háishi] + C)

你去　　还是　　他去?
Nǐ qù　háishi　tā qù?

- 他是学生还是老师? Tā shì xuésheng háishi lǎoshī?
- 你喝咖啡还是喝中国茶? Nǐ hē kāfēi háishi hē Zhōngguóchá?

3 접속사 '或者[huòzhě]'의 용법

가 둘 혹은 둘 이상의 단어나 절을 나열하여 그 중 하나 밖에 선택할 수 없음을 나타낸다.

> 어순   A + 或者[huòzhě] + B (+ 或者[huòzhě] + C)

这个星期六　　或者　　星期天　　我去长城。
Zhè ge xīngqīliù　huòzhě　xīngqītiān　wǒ qù Chángchéng.

- 你去或者我去，都行。 Nǐ qù huòzhě wǒ qù, dōu xíng.

* 长城 [Chángchéng] 만리장성

❹ '还是[háishi]'와 '或者[huòzhě]'의 차이점

'还是[háishi]'는 선택의문문을 만들지만, '或者[huòzhě]'는 의문문을 만들 수 없다.

- 你今天来还是明天来? Nǐ jīntiān lái háishi míngtiān lái? (O)

  你今天来或者明天来? Nǐ jīntiān lái huòzhě míngtiān lái? (X)

- 你喝水还是喝可乐? Nǐ hē shuǐ háishi hē kělè? (O)

  你喝水或者喝可乐? Nǐ hē shuǐ huòzhě hē kělè? (X)

* 水 [shuǐ] 물   可乐 [kělè] 콜라

4 구조조사 '的[de]'의 용법(2)

'형용사(구)' 혹은 '동사(구)' 등의 뒤에 쓰여서, '的[de]'의 앞에 오는 성분이 '的[de]'의 뒤에 이어지는 명사의 수식성분(定语 [dìngyǔ])임을 나타낸다.

> **어순**   수식성분[형용사(구)/동사(구)] + 的[de] + 명사

- 형용사(구): 很漂亮的大楼   hěn piàoliang de dàlóu
- 동사(구): 妈妈做的菜   māma zuò de cài

❹ Jīntiān shàngwǔ yǒu kè háishi xiàwǔ yǒu kè? 今天上午有课还是下午有课?

본문 课文 kèwén

1 경민은 리리와 따로 만나 데이트를 하고 싶다. 그러나 그런 낌새를 전혀 눈치채지 못하는 리리는 수업이 많다는 불평만 늘어 놓는다.

金景民 你今天有课吗?
Jīn Jǐngmín　Nǐ jīntiān yǒu kè ma?

王莉莉 有哇。从周一到周五我每天都有课。
Wáng Lìli　Yǒu wa. Cóng zhōuyī dào zhōuwǔ wǒ měitiān dōu yǒu kè.

金景民 今天上午有课还是下午有课?
Jīn Jǐngmín　Jīntiān shàngwǔ yǒu kè háishi xiàwǔ yǒu kè?

王莉莉 上午和下午都有。
Wáng Lìli　Shàngwǔ hé xiàwǔ dōu yǒu.

金景民 有几节课?
Jīn Jǐngmín　Yǒu jǐ jié kè?

王莉莉 六节。
Wáng Lìli　Liù jié.

새로 나온 단어

课	kè	수업	*周日	zhōurì	일요일
从	cóng	……에서, ……으로부터	到	dào	……까지
周一	zhōuyī	월요일	上午	shàngwǔ	오전
*周二	zhōu'èr	화요일	还是	háishi	선택의문문을 만드는 접속사. ……인가 아니면……인가?
*周三	zhōusān	수요일			
*周四	zhōusì	목요일	下午	xiàwǔ	오후
*周五	zhōuwǔ	금요일	节	jié	수업 시간을 세는 양사
*周六	zhōuliù	토요일			

2 주중에는 리리가 수업이 많아서 바쁘다는 걸 안 경민은 주말로 화제를 돌린다.

金景民　你周末都做些什么？
Jīn Jǐngmín　Nǐ zhōumò dōu zuò xiē shénme?

王莉莉　看书或者上网聊天。
Wáng Lìli　Kàn shū huòzhě shàng wǎng liáo tiān.

金景民　这个周末我想请你看电影。
Jīn Jǐngmín　Zhè ge zhōumò wǒ xiǎng qǐng nǐ kàn diànyǐng.

王莉莉　什么电影？韩国电影还是中国电影？
Wáng Lìli　Shénme diànyǐng? Hánguó diànyǐng háishi Zhōngguó diànyǐng.

金景民　香港电影，是成龙的。
Jīn Jǐngmín　Xiānggǎng diànyǐng, shì Chéng Lóng de.

王莉莉　太好了。成龙是我最喜欢的演员。
Wáng Lìli　Tài hǎo le. Chéng Lóng shì wǒ zuì xǐhuan de yǎnyuán.

새로 나온 단어

周末	zhōumò	주말
书	shū	책
或者	huòzhě	…… 혹은 ……
上网	shàng//wǎng	인터넷에 접속하다, 인터넷을 하다
聊天	liáo//tiān	한담하다, 잡담을 나누다
请	qǐng	(식사나 파티 따위에) 초대하다, 한턱 내다
电影	diànyǐng	영화
演员	yǎnyuán	배우
香港	Xiānggǎng	홍콩
成龙	Chéng Lóng	성룡

❹ Jīntiān shàngwǔ yǒu kè háishi xiàwǔ yǒu kè? 今天上午有课还是下午有课？

문형연습 句型练习 jùxíng liànxí 기본문형 익히기

你上午有课还是下午有课?
Nǐ shàngwǔ yǒu kè háishi xiàwǔ yǒu kè?

바꿔 봅시다!

喝咖啡 hē kāfēi

去上课 qù shàng//kè

喜欢看韩国电影
xǐhuan kàn Hánguó diànyǐng

바꿔 봅시다!

喝茶 hē chá

回家 huí//jiā

喜欢看中国电影
xǐhuan kàn Zhōngguó diànyǐng

我周末看书或者上网聊天。
Wǒ zhōumò kàn shū huòzhě shàng wǎng liáo tiān.

바꿔 봅시다!

晚上看电视 wǎnshang kàn diànshì

给父母写信 gěi fùmǔ xiě xìn

早上喝一杯牛奶 zǎoshang hē yì bēi niúnǎi

바꿔 봅시다!

听音乐 tīng yīnyuè

发电子邮件 fā diànzǐ yóujiàn

吃一个面包 chī yí ge miànbāo

단어
上课 shàng//kè 수업하다 | 听 tīng 듣다 | 音乐 yīnyuè 음악 | 父母 fùmǔ 부모님 |
杯 bēi 컵에 담긴 음료를 세는 양사. 컵, 잔 | 牛奶 niúnǎi 우유

从周一到周五我每天都有课。
Cóng zhōuyī dào zhōuwǔ wǒ měitiān dōu yǒu kè.

바꿔 봅시다!

九点 jiǔ diǎn
我家 wǒ jiā
宿舍 sùshè

바꿔 봅시다!

十二点我上课 shí'èr diǎn wǒ shàng//kè
学校很远 xuéxiào hěn yuǎn
教学楼不远 jiàoxuélóu bù yuǎn

这个周末我想请你看电影。
Zhè ge zhōumò wǒ xiǎng qǐng nǐ kàn diànyǐng.

바꿔 봅시다!

吃饭 chī//fàn
喝咖啡 hē kāfēi
喝酒 hē jiǔ

단어
上课 shàng//kè 수업하다 | 宿舍 sùshè 기숙사 | 酒 jiǔ 술

❹ Jīntiān shàngwǔ yǒu kè háishi xiàwǔ yǒu kè? 今天上午有课还是下午有课?

연습문제 练习 liànxí

听 tīng 듣기

1. 남녀의 대화를 듣고 일치하는 그림을 찾으시오.

   A    B    C

   D    E

   (1)    (2)    (3)

   (4)    (5)

   > **단어**
   > 宿舍 sùshè 기숙사   同学 tóngxué 동창, 동급생

2. 남녀의 대화 내용에 근거하여 정답을 찾으시오.

   (1) A: 星期一   B: 星期三   C: 星期五

   (2) A: 要做作业   B: 不喜欢看电影   C: 没有钱

   (3) A: 喝咖啡   B: 复习功课   C: 做菜

   (4) A: 妈妈不做菜   B: 妈妈做的菜不好吃   C: 妈妈不在家

   (5) A: 飞机   B: 火车   C: 地铁

   > **단어**
   > 为什么 wèishénme 왜   意思 yìsi 의미   可能 kěnéng 아마도……일 것이다
   > 火车 huǒchē 기차   地铁 dìtiě 지하철   公共汽车 gōnggòng qìchē 버스

阅读 yuèdú 읽기

1. 보기에서 적당한 단어를 골라 빈칸을 채우시오.

   보기 从……到…… cóng …… dào ……   在 zài   还是 háishi
         节 jié   或者 huòzhě

   (1) A: 请问，洗手间（　　）哪儿？ Qǐngwèn, xǐshǒujiān (　　) nǎr.
       B: 洗手间就（　　）前边。 Xǐshǒujiān jiù (　　) qiánbian.

   (2) （　　）你家（　　）超市远不远？
       (　　) nǐ jiā (　　) chāoshì yuǎn bu yuǎn?

   (3) 我周一有六（　　）课。 Wǒ zhōuyī yǒu liù (　　) kè.

   (4) 你喜欢看中国电影（　　）喜欢看美国电影？
       Nǐ xǐhuan kàn Zhōngguó diànyǐng (　　) xǐhuan kàn Měiguó diànyǐng?

   (5) 这个星期天我打算在宿舍休息（　　）看书。
       Zhè ge xīngqītiān wǒ dǎsuan zài sùshè xiūxi (　　) kàn shū.

   단어
   请问 qǐngwèn 잠깐 여쭙겠습니다, 실례합니다
   洗手间 xǐshǒujiān 화장실   美国 Měiguó 미국

2. 지문을 보고 옳고 그름을 판단하시오.

   (1) 成龙是香港演员。他在韩国也很有名。我爸爸妈妈很喜欢看成龙的电影，也很喜欢他。
       Chéng Lóng shì Xiānggǎng yǎnyuán. Tā zài Hánguó yě hěn yǒumíng. Wǒ bàba māma hěn xǐhuan kàn Chéng Lóng de diànyǐng, yě hěn xǐhuan tā.

       ★ 韩国人不知道成龙。Hánguórén bù zhīdao Chéng Lóng. (　　)

   (2) 我从周一到周五每天都有课。周一和周三的课最多，有七节课。
       Wǒ cóng zhōuyī dào zhōuwǔ měitiān dōu yǒu kè. Zhōuyī hé zhōusān de kè zuì duō, yǒu qī jié kè.

       ★ 星期三我没有课，我不去学校。Xīngqīsān wǒ méiyǒu kè, wǒ bú qù xuéxiào. (　　)

   (3) 我每天回家都给女朋友发电子邮件或者给女朋友打电话。
       Wǒ měitiān huí jiā dōu gěi nǚpéngyou fā diànzǐ yóujiàn huòzhě gěi nǚpéngyou dǎ diànhuà.

       ★ 我不常给女朋友打电话。Wǒ bù cháng gěi nǚpéngyou dǎ diànhuà. (　　)

(4) 我家前边有一家咖啡厅，很有名。那家咖啡厅的咖啡很好喝，也不贵。我常去那儿喝咖啡。
Wǒ jiā qiánbian yǒu yì jiā kāfēitīng, hěn yǒumíng. Nà jiā kāfēitīng de kāfēi hěn hǎohē, yě bú guì. Wǒ cháng qù nàr hē kāfēi.

★ 这家咖啡厅的咖啡又便宜又好喝。
Zhè jiā kāfēitīng de kāfēi yòu piányi yòu hǎohē. （　　）

단어 打 dǎ (전화 따위를) 걸다　咖啡厅 kāfēitīng 커피숍　贵 guì 비싸다

说 shuō 말하기

물음에 답하시오.

(1) 你星期几有汉语课? Nǐ xīngqī jǐ yǒu Hànyǔ kè?

(2) 你今天有几节课? Nǐ jīntiān yǒu jǐ jié kè?

(3) 你从周一到周五每天都有课吗? Nǐ cóng zhōuyī dào zhōuwǔ měitiān dōu yǒu kè ma?

(4) 你喜欢在家吃饭还是去饭馆儿吃饭? Nǐ xǐhuan zài jiā chī fàn háishi qù fànguǎnr chī fàn?

(5) 你喜欢看韩国电影还是喜欢看美国电影?
Nǐ xǐhuan kàn Hánguó diànyǐng háishi xǐhuan kàn Měiguó diànyǐng?

단어 美国 Měiguó 미국

写 xiě 쓰기

다음을 중국어로 작문하시오.

(1) 저는 월요일부터 금요일까지 매일 수업이 있습니다.
_____

(2) 당신은 커피를 마시겠습니까 아니면 차를 마시겠습니까?
_____

(3) 저는 주말에 책을 보거나 인터넷을 합니다. _____

(4) 저는 친구들과 수다 떠는 것을 좋아합니다. _____

(5) 성룡은 제가 가장 좋아하는 배우입니다. _____

第五课

吃了午饭就去易买得。
Chī le wǔfàn jiù qù Yìmǎidé.

학습목표

조동사 '会[huì]'의 용법(2)
今天会不会下雨呢？ Jīntiān huì bu huì xià yǔ ne?

진행형을 나타내는 '正在[zhèngzài]……呢[ne]'의 용법(2)
易买得正在打折呢。 Yìmǎidé zhèngzài dǎ zhé ne.

이합사 '打折[dǎ//zhé]'의 용법 打八折。 Dǎ bā zhé.

'……了[le], 就[jiù]……'의 용법(1)
咱们吃了午饭就去吧。 Zánmen chī le wǔfàn jiù qù ba.

단어 生词 shēngcí

□□01	会	huì	조동 ……할 가능성이 있다, ……할 것이다
□□02	天气	tiānqì	명 날씨
□□03	阴	yīn	형 흐리다
□□04	可能	kěnéng	명 가능성； 형 가능하다
			부 아마도 ……일 것이다
□□05	预报	yùbào	명 예보； 동 예보하다
□□06	小雨	xiǎoyǔ	명 가랑비
□□07	带	dài	동 지니다
□□08	把	bǎ	양 손잡이가 있는 물건(우산, 칼, 의자 등)을 세는 양사
□□09	前天	qiántiān	명 그저께
□□10	丢	diū	동 잃어버리다
□□11	借	jiè	동 빌리다, 빌려주다
□□12	时间	shíjiān	명 시간
□□13	可是	kěshì	접 그러나
□□14	正在	zhèngzài	부 ……하고 있다(진행과 지속을 표시)
□□15	打折	dǎ//zhé	동 할인하다
□□16	易买得	Yìmǎidé	고유명사 이마트(emart)

怎么写? zěnme xiě?

획순	阴 阴 阴 阴 阴 阴							총6획
阴 yīn	阴	阴	阴					

획순	报 报 报 报 报 报 报							총7획
报 bào	报	报	报					

획순	带 带 带 带 带 带 带 带 带							총9획
带 dài	带	带	带					

획순	丢 丢 丢 丢 丢 丢							총6획
丢 diū	丢	丢	丢					

획순	借 借 借 借 借 借 借 借 借 借							총10획
借 jiè	借	借	借					

획순	间 间 间 间 间 间 间							총7획
间 jiān	间	间	间					

❺ Chī le wǔfàn jiù qù Yìmǎidé. 吃了午饭就去易买得。

문법 语法 yǔfǎ

1 조동사 '会[huì]'의 용법(2)

'……할 가능성이 있다', '……할 것이다'는 뜻으로, 어떤 일이나 현상이 발생할 가능성이 있음을 나타낸다.

> **어순**   주어 + 会[huì] + 동사 (+ 목적어)

明天 他 会 来 吗?
Míngtiān tā huì lái ma?

- 明天是周末，他们会有时间的。Míngtiān shì zhōumò, tāmen huì yǒu shíjiān de.

> **부정**   주어 + 不[bú] + 会[huì] + 동사 (+ 목적어)

明天 他 不 会 来。
Míngtiān tā bú huì lái.

- 明天是周一，他们不会有时间的。 Míngtiān shì zhōuyī, tāmen bú huì yǒu shíjiān de.

2 진행형을 나타내는 '正在[zhèngzài]……呢[ne]'의 용법(2)

가 동작이 진행 중이거나 상태가 지속되고 있음을 나타낸다.

> **어순**   주어 + 正在[zhèngzài] + 동사 (+ 목적어) + 呢[ne]

我们 正在 吃 饭 呢。
Wǒmen zhèngzài chī fàn ne.

- 现在正在上课呢。Xiànzài zhèngzài shàng kè ne.

나 '正在[zhèngzài]……呢[ne]'에서 '在[zài]'나 '呢[ne]'는 생략할 수 있다.

- '呢[ne]'의 생략: 我们正在吃饭。Wǒmen zhèngzài chī fàn.
- '在[zài]'의 생략: 我们正吃饭呢。Wǒmen zhèng chī fàn ne.

> **참고!** '在[zài]'와 '呢[ne]' 중에서 하나만 있더라도 동작의 진행이나 상태의 지속을 표현할 수 있다. (1권 152쪽 문법1 참조)

3 이합사 '打折[dǎ//zhé]'의 용법

'打折[dǎ//zhé]'는 이합사이기 때문에 할인율을 뜻하는 숫자는 '打[dǎ]'와 '折[zhé]'의 사이에 표시하며, 숫자가 작을수록 할인율은 커진다.

- 打九折[dǎ jiǔ zhé] 10% 할인
- 打四折[dǎ sì zhé] 60% 할인
- 打一折[dǎ yì zhé] 90% 할인

4 '……了[le], 就[jiù]……'의 용법(1)

앞 뒤 두 가지 행위나 동작이 거의 시차를 두지 않고 연속적으로 이루어짐을 나타낸다.

- 我买了手机就回家。Wǒ mǎi le shǒujī jiù huí jiā.
- 我昨天买了手机就回家了。Wǒ zuótiān mǎi le shǒujī jiù huí jiā le.
- 我吃了饭就做作业。Wǒ chī le fàn jiù zuò zuòyè.
- 我昨天吃了饭就做作业了。Wǒ zuótiān chī le fàn jiù zuò zuòyè le.

❺ Chī le wǔfàn jiù qù Yìmǎidé. 吃了午饭就去易买得。

본문 课文 kèwén

1 오랜만에 필요한 물건을 사러 나가려고 화장을 하던 리리는 날씨가 걱정되기 시작한다.

王莉莉 明明，你看今天会不会下雨呢？
Wáng Lìli Míngming, nǐ kàn jīntiān huì bu huì xià yǔ ne?

张 明 天气很阴，有可能。
Zhāng Míng Tiānqì hěn yīn, yǒu kěnéng.

王莉莉 天气预报也说，今天会有小雨。
Wáng Lìli Tiānqì yùbào yě shuō, jīntiān huì yǒu xiǎoyǔ.

张 明 那你带把雨伞吧。
Zhāng Míng Nà nǐ dài bǎ yǔsǎn ba.

王莉莉 我的雨伞前天丢了。
Wáng Lìli Wǒ de yǔsǎn qiántiān diū le.

张 明 我有两把，给你借一把。
Zhāng Míng Wǒ yǒu liǎng bǎ, gěi nǐ jiè yì bǎ.

Tip
중국에는 친한 친구, 자신의 아들·딸, 자신보다 어린 후배 등을 호칭할 때 이름의 마지막 글자를 중첩하여 애칭으로 삼는 풍습이 있다.
· 张明 Zhāng Míng → 明明 Míngming
· 李国强 Lǐ Guóqiáng → 强强 Qiángqiang
· 王小玲 Wáng Xiǎolíng → 玲玲 Línglíng

새로 나온 단어

会	huì	……할 가능성이 있다, ……할 것이다	带	dài	지니다
天气	tiānqì	날씨	把	bǎ	손잡이가 있는 물건(우산, 칼, 의자 등)을 세는 양사
阴	yīn	흐리다			
可能	kěnéng	가능성 ; 가능하다 ; 아마도 ……일 것이다	前天	qiántiān	그저께
预报	yùbào	예보 ; 예보하다	丢	diū	잃어버리다
小雨	xiǎoyǔ	가랑비	借	jiè	빌리다, 빌려주다

2 리리는 말로만 듣던 이마트에 장보러 가려고 경민에게 안내를 부탁한다.

王莉莉　今天下午你有时间吗?
Wáng Lìli　Jīntiān xiàwǔ nǐ yǒu shíjiān ma?

金景民　有哇。怎么了？你找我有事儿吗?
Jīn Jǐngmín　Yǒu wa. Zěnme le? Nǐ zhǎo wǒ yǒu shìr ma?

王莉莉　我想去易买得，可是不知道怎么走。
Wáng Lìli　Wǒ xiǎng qù Yìmǎidé, kěshì bù zhīdao zěnme zǒu.

金景民　易买得正在打折呢！
Jīn Jǐngmín　Yìmǎidé zhèngzài dǎ zhé ne!

王莉莉　真的吗？打几折啊?
Wáng Lìli　Zhēn de ma? Dǎ jǐ zhé a?

金景民　打八折。咱们吃了午饭就去吧。
Jīn Jǐngmín　Dǎ bā zhé. Zánmen chī le wǔfàn jiù qù ba.

Tip　'怎么(zěnme)'가 단독으로 혹은 문장의 끝에 서술어로 쓰이면 뒤에 '了(le)'를 동반하여 '어쩐 일입니까?', '어떻게 되었나요?' 정도의 뜻을 나타낸다.

새로 나온 단어

时间	shíjiān	시간	打折	dǎ//zhé	할인하다
可是	kěshì	그러나	易买得	Yìmǎidé	이마트(emart)
正在	zhèngzài	……하고 있다(진행과 지속을 표시)			

❺ Chī le wǔfàn jiù qù Yìmǎidé. 吃了午饭就去易买得。

문형연습 句型练习 jùxíng liànxí 기본문형 익히기

易买得正在打折呢。
Yìmǎidé zhèngzài dǎ zhé ne.

바꿔 봅시다!
- 我 wǒ
- 张先生 Zhāng xiānsheng
- 金老师 Jīn lǎoshī

바꿔 봅시다!
- 看电视 kàn diànshì
- 听音乐 tīng yīnyuè
- 上课 shàng//kè

咱们吃了饭就去吧。
Zánmen chī le fàn jiù qù ba.

바꿔 봅시다!
- 吃 chī
- 看 kàn
- 买 mǎi

바꿔 봅시다!
- 饭 fàn
- 电影 diànyǐng
- 衣服 yīfu

바꿔 봅시다!
- 做作业 zuò zuòyè
- 去吃饭 qù chī//fàn
- 回家 huí//jiā

단어
电视 diànshì 텔레비전 | 听 tīng 듣다 | 音乐 yīnyuè 음악 | 上课 shàng//kè 수업하다 | 衣服 yīfu 옷

今天会下雨。
Jīntiān huì xià yǔ.

바꿔 봅시다!

他 tā
你的朋友 nǐ de péngyou
他的同屋 tā de tóngwū

바꿔 봅시다!

请客 qǐng//kè
给你借雨伞 gěi nǐ jiè yǔsǎn
喜欢易买得 xǐhuan Yìmǎidé

我想去易买得，可是不知道怎么走。
Wǒ xiǎng qù Yìmǎidé, kěshì bù zhīdao zěnme zǒu.

바꿔 봅시다!

医院 yīyuàn
邮局 yóujú
银行 yínháng

❺ Chī le wǔfàn jiù qù Yìmǎidé. 吃了午饭就去易买得。

연습문제 练习 liànxí

听 tīng 듣기

1. 남녀의 대화를 듣고 일치하는 그림을 찾으시오.

A    B    C

D    E

(1)    (2)   (3)

(4)   (5)

단어 请问 qǐngwèn 잠깐 여쭙겠습니다, 실례합니다

2. 남녀의 대화 내용에 근거하여 정답을 찾으시오.

(1) A: 因为是小雨　　B: 因为早上没有下雨　　C: 因为女的丢了雨伞

(2) A: 看电影　　B: 上网　　C: 聊天

(3) A: 前天下午　　B: 昨天下午　　C: 今天

(4) A: 在家里　　B: 在　　C: 丢了

(5) A: 现在就发　　B: 已经发了　　C: 吃了午饭以后要发

단어 为什么 wèishénme 왜   因为 yīnwèi ……때문에

66

阅读 yuèdú 읽기

1. 보기에서 적당한 단어를 골라 빈칸을 채우시오.

   보기   怎么 zěnme   会 huì   正在 zhèngzài   把 bǎ   了 le

   (1) 妈妈，我吃（　　）饭就做作业。　　Māma, wǒ chī (　　) fàn jiù zuò zuòyè.
   (2) 我不知道易买得（　　）走?　　Wǒ bù zhīdao Yìmǎidé (　　) zǒu?
   (3) 你的那（　　）雨伞是在哪儿买的?　　Nǐ de nà (　　) yǔsǎn shì zài nǎr mǎi de?
   (4) 今天天气很阴，可能（　　）下雨。　　Jīntiān tiānqì hěn yīn, kěnéng (　　) xià yǔ.
   (5) 外面（　　）下雨呢。　　Wàimiàn (　　) xià yǔ ne.

2. 지문을 보고 옳고 그름을 판단하시오.

   (1) 从这儿一直向前走，有一个十字路口。到十字路口向左拐就有一个邮局。你在那儿可以寄信或者买邮票。
   Cóng zhèr yìzhí xiàng qián zǒu, yǒu yí ge shízì lùkǒu. Dào shízì lùkǒu xiàng zuǒ guǎi jiù yǒu yí ge yóujú. Nǐ zài nàr kěyǐ jì xìn huòzhě mǎi yóupiào.

   ★ 我要去邮局发电子邮件。Wǒ yào qù yóujú fā diànzǐ yóujiàn. (　　)

   (2) 上个星期妈妈给我寄了一封信。我现在正在看那封信呢。
   Shàng ge xīngqī māma gěi wǒ jì le yì fēng xìn. Wǒ xiànzài zhèngzài kàn nà fēng xìn ne.

   ★ 我正在写信。Wǒ zhèngzài xiě xìn. (　　)

   (3) 我昨天晚上没有看天气预报，不知道今天会下雨，没有带雨伞。我的朋友给我借了一把雨伞。
   Wǒ zuótiān wǎnshang méiyǒu kàn tiānqì yùbào, bù zhīdao jīntiān huì xià yǔ, méiyǒu dài yǔsǎn. Wǒ de péngyou gěi wǒ jiè le yì bǎ yǔsǎn.

   ★ 我家里没有雨伞。Wǒ jiā li méiyǒu yǔsǎn. (　　)

❺ Chī le wǔfàn jiù qù Yìmǎidé. 吃了午饭就去易买得。

(4) 我很喜欢看电视或者看电影。可是最近没有时间去看电影。我朋友说他这个周末打算去看电影。
Wǒ hěn xǐhuan kàn diànshì huòzhě kàn diànyǐng. Kěshì zuìjìn méiyǒu shíjiān qù kàn diànyǐng. Wǒ péngyou shuō tā zhè ge zhōumò dǎsuan qù kàn diànyǐng.

★ 我这个周末要去看电影。 Wǒ zhè ge zhōumò yào qù kàn diànyǐng. (　　)

> **단어**
> 一直 yìzhí 곧장, 줄곧   上个星期 shàng ge xīngqī 지난 주
> 电视 diànshì 텔레비전   最近 zuìjìn 최근, 근래

说 shuō 말하기

물음에 답하시오.

(1) 今天天气阴不阴? Jīntiān tiānqì yīn bu yīn?

(2) 今天下雨吗? Jīntiān xià yǔ ma?

(3) 你今天带雨伞了吗? Nǐ jīntiān dài yǔsǎn le ma?

(4) 你平时吃了晚饭就做什么? Nǐ píngshí chī le wǎnfàn jiù zuò shénme?

(5) 你去过易买得吗? Nǐ qù guo Yìmǎidé ma?

写 xiě 쓰기

다음을 중국어로 작문하시오.

(1) 우리는 밥 먹고 나서 바로 갈 겁니다.　_____

(2) 우리는 밥 먹고 나서 바로 갔습니다.　_____

(3) 우리는 책을 산 다음에 바로 학교로 돌아갈 겁니다.　_____

(4) 우리는 책을 산 다음에 바로 학교로 돌아갔습니다.　_____

(5) 저는 숙제를 한 다음에 바로 잠을 잘 겁니다.　_____

(6) 어제 저는 숙제를 한 다음에 바로 잠을 잤습니다.　_____

第六课

我身体有点儿不舒服。
Wǒ shēntǐ yǒudiǎnr bù shūfu.

학습목표

'有点儿[yǒudiǎnr]'의 용법
我身体有点儿不舒服。 Wǒ shēntǐ yǒudiǎnr bù shūfu.

'一点儿[yìdiǎnr]'의 용법
好一点儿了吗? Hǎo yìdiǎnr le ma?

형용사 + '多了[duō le]'의 용법 好多了。Hǎo duō le.

'因为[yīnwèi]……, 所以[suǒyǐ] ……'의 용법
因为这几天考试，所以你太累了。
Yīnwèi zhè jǐ tiān kǎo shì, suǒyǐ nǐ tài lèi le.

조동사 '可以[kěyǐ]' + …… + '了$_2$[le]'
我可以休息了。 Wǒ kěyǐ xiūxi le.

단어 生词 shēngcí

- ☐☐ 01 生病　shēng//bìng　동 병이 나다
- ☐☐ 02 身体　shēntǐ　명 몸, 건강
- ☐☐ 03 有点儿　yǒudiǎnr　부 조금, 약간
- ☐☐ 04 舒服　shūfu　형 편안하다
- ☐☐ 05 发烧　fā//shāo　동 열이 나다
- ☐☐ 06 但是　dànshì　접 그러나

　　*但 dàn 접 그러나

- ☐☐ 07 眼睛　yǎnjing　명 눈
- ☐☐ 08 疼　téng　형 아프다
- ☐☐ 09 快　kuài　형 빠르다
- ☐☐ 10 眼科　yǎnkē　명 안과
- ☐☐ 11 (一)点儿　(yì)diǎnr　부 조금, 약간
- ☐☐ 12 大夫　dàifu　명 의사
- ☐☐ 13 药　yào　명 약
- ☐☐ 14 因为　yīnwèi　접 ……때문에
- ☐☐ 15 所以　suǒyǐ　접 그래서
- ☐☐ 16 这几天　zhè jǐ tiān　요 며칠

　　*天 tiān 명 날, 일

- ☐☐ 17 考试　kǎo//shì　명 시험 ; 동 시험을 치다
- ☐☐ 18 累　lèi　형 지치다, 피곤하다

怎么写? zěnme xiě?

획순	病 病 病 病 病 病 病 病 病 病										총10획
病	病	病	病								
bìng											

획순	体 体 体 什 休 休 体										총7획
体	体	体	体								
tǐ											

획순	服 服 服 服 服 服 服 服										총8획
服	服	服	服								
fú											

획순	烧 烧 烧 烧 烧 烧 烧 烧 烧 烧										총10획
烧	烧	烧	烧								
shāo											

획순	睛 睛 睛 睛 睛 睛 睛 睛 睛 睛 睛 睛 睛										총13획
睛	睛	睛	睛								
jīng											

획순	药 药 药 药 药 药 药 药 药										총9획
药	药	药	药								
yào											

❻ Wǒ shēntǐ yǒudiǎnr bù shūfu. 我身体有点儿不舒服。

문법 语法 yǔfǎ

1 '有点儿[yǒudiǎnr]', '一点儿[yìdiǎnr]'의 용법

가 '有点儿[yǒudiǎnr]'의 용법

'有点儿[yǒudiǎnr]'은 부정적인 의미를 가진 형용사(혹은 동사)의 앞에서 '약간', '조금'의 뜻을 나타낸다. 주로 화자에게 있어서 그다지 바람직하지 않은 상황에 쓰인다.

| 어순 | 有点儿[yǒudiǎnr] + 형용사/동사 |

我　　有点儿　　不高兴。
Wǒ　　yǒudiǎnr　　bù gāoxìng.

- 今天天气有点儿冷。Jīntiān tiānqì yǒudiǎnr lěng.

★ 冷 [lěng] 춥다

나 '一点儿[yìdiǎnr]'의 용법

형용사의 뒤에 오는 '一点儿[yìdiǎnr]'은 '약간', '조금'의 뜻을 나타낸다.

| 어순 | 형용사/동사 + 一点儿[yìdiǎnr] |

这个菜　甜　　一点儿。
Zhè ge cài　tián　yìdiǎnr.

- 今天天气冷一点儿。Jīntiān tiānqì lěng yìdiǎnr.

★ 甜 [tián] 달다

다 '有点儿[yǒudiǎnr]'과 '一点儿[yìdiǎnr]'의 차이점

'一点儿[yìdiǎnr]'은 객관적으로 정도가 얼마 되지 않음을 나타낼 뿐, '有点儿[yǒudiǎnr]'과는 달리 부정적인 의미는 없다.

2 형용사 + '多了[duō le]'의 용법

두 가지 물건, 현상, 시점 등을 비교한 결과, 그 차가 상당히 크다는 뜻을 나타낸다.

- 她最近漂亮多了。Tā zuìjìn piàoliang duō le.
- 他的英语好多了。Tā de Yīngyǔ hǎo duō le.

★ 最近 [zuìjìn] 최근　英语 [Yīngyǔ] 영어

3 '因为[yīnwèi]……, 所以[suǒyǐ] ……'의 용법

인과관계를 나타내는 문장에서 원인과 결과를 이끈다.

> 어순   因为[yīnwèi] + 원인 + 所以[suǒyǐ] + 결과

因为　　今天是星期天，　所以　我不上课。
Yīnwèi jīntiān shì xīngqītiān, suǒyǐ wǒ bú shàng kè.

- 因为明天有考试，所以现在我在看书。
  Yīnwèi míngtiān yǒu kǎo shì, suǒyǐ xiànzài wǒ zài kàn shū.

* 上课 [shàng//kè] 수업하다

> 참고   문맥이 명확할 경우에는 '因为[yīnwèi]'와 '所以[suǒyǐ]'를 함께 쓰지 않더라도 상관없다.

4 조동사 '可以[kěyǐ]' + …… + '了₂[le]'

'可以[kěyǐ]', '能[néng]', '会[huì]' 따위의 조동사는 완료의 '了₁'과 함께 쓸 수 없기 때문에, 조동사 구문에 보이는 '了'는 변화 발생의 '了₂'이다.

- 这儿可以游泳。— 天气热了，可以游泳了。
  Zhèr kěyǐ yóuyǒng. — Tiānqì rè le, kěyǐ yóu yǒng le.

- 我会说英语。— 我会说英语了。
  Wǒ huì shuō Yīngyǔ. — Wǒ huì shuō Yīngyǔ le.

* 英语 [Yīngyǔ] 영어

본문 课文 kèwén

1 리리가 책상 위에 엎드려 힘겨워 하는 것을 보고 경민이 걱정스럽게 말을 건다.

金景民 莉莉，怎么了？生病了吗？
Jīn Jǐngmín Lìli, zěnme le? Shēng bìng le ma?

王莉莉 我身体有点儿不舒服。
Wáng Lìli Wǒ shēntǐ yǒudiǎnr bù shūfu.

金景民 哪儿不舒服？发烧不发烧？
Jīn Jǐngmín Nǎr bù shūfu? Fā shāo bu fā shāo?

王莉莉 不发烧。但是眼睛有点儿疼。
Wáng Lìli Bù fā shāo. Dànshì yǎnjing yǒudiǎnr téng.

金景民 你快去医院看看吧。
Jīn Jǐngmín Nǐ kuài qù yīyuàn kànkan ba.

王莉莉 好的。我去眼科看看。
Wáng Lìli Hǎo de. Wǒ qù yǎnkē kànkan.

새로 나온 단어

生病	shēng//bìng	병이 나다
身体	shēntǐ	몸, 건강
有点儿	yǒudiǎnr	조금, 약간
舒服	shūfu	편안하다
发烧	fā//shāo	열이 나다
但是	dànshì	그러나
*但	dàn	그러나
眼睛	yǎnjing	눈
疼	téng	아프다
快	kuài	빠르다
眼科	yǎnkē	안과

2 밝은 얼굴로 병원에서 돌아오는 리리에게 경민도 가벼운 마음으로 몸 상태를 물어본다.

金景民 　怎么样? 好一点儿了吗?
Jīn Jǐngmín　Zěnmeyàng? Hǎo yìdiǎnr le ma?

王莉莉 　好多了。
Wáng Lìli　Hǎo duō le.

金景民 　大夫说什么?
Jīn Jǐngmín　Dàifu shuō shénme?

王莉莉 　他说吃了药就会好的。
Wáng Lìli　Tā shuō chī le yào jiù huì hǎo de.

> **Tip**
> '的(de)'는 문장의 끝에 쓰여서 전체 내용을 강하게 긍정하는 느낌을 나타낸다.
> 他会来的。Tā huì lái de.
> 그는 (분명히) 올 거야.

金景民 　因为这几天考试，所以你太累了。
Jīn Jǐngmín　Yīnwèi zhè jǐ tiān kǎo shì, suǒyǐ nǐ tài lèi le.

王莉莉 　明天是周末，我可以休息了。
Wáng Lìli　Míngtiān shì zhōumò, wǒ kěyǐ xiūxi le.

새로 나온 단어

(一)点儿 (yì)diǎnr	조금, 약간	
大夫 dàifu	의사	
药 yào	약	
因为 yīnwèi	……때문에	
所以 suǒyǐ	그래서	

这几天 zhè jǐ tiān	요 며칠	
*天 tiān	날, 일	
考试 kǎo//shì	시험 ; 시험을 치다	
累 lèi	지치다, 피곤하다	

❻ Wǒ shēntǐ yǒudiǎnr bù shūfu. 我身体有点儿不舒服。

 문형연습 句型练习 jùxíng liànxí　　기본문형 익히기

我身体有点儿不舒服。
Wǒ shēntǐ yǒudiǎnr bù shūfu.

바꿔 봅시다!

我头 wǒ tóu
我眼睛 wǒ yǎnjing
今天天气 jīntiān tiānqì

바꿔 봅시다!

发烧 fā//shāo
疼 téng
阴 yīn

我可以休息了。
Wǒ kěyǐ xiūxi le.

바꿔 봅시다!

睡觉 shuì//jiào
回家 huí//jiā
玩儿电脑 wánr diànnǎo

단어　头 tóu 머리 | 玩儿 wánr 놀다 | 电脑 diànnǎo 컴퓨터

好多了。
Hǎo duō le.

바꿔 봅시다!

好吃 hǎochī
好喝 hǎohē
漂亮 piàoliang

因为这几天考试，所以你太累了。
Yīnwèi zhè jǐ tiān kǎo shì, suǒyǐ nǐ tài lèi le.

바꿔 봅시다!   **바꿔 봅시다!**

这几天一直下雨 zhè jǐ tiān yìzhí xià yǔ   我今天也带了雨伞 wǒ jīntiān yě dài le yǔsǎn
喜欢吃猪肉 xǐhuan chī zhūròu   我常去吃猪排骨 wǒ cháng qù chī zhūpáigǔ
身体发烧 shēntǐ fā//shāo   我去医院了 wǒ qù yīyuàn le

단어
一直 yìzhí 곧장, 줄곧

❻ Wǒ shēntǐ yǒudiǎnr bù shūfu. 我身体有点儿不舒服。

연습문제 练习 liànxí

听 tīng 듣기

1. 남녀의 대화를 듣고 일치하는 그림을 찾으시오.

A 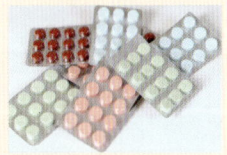   B    C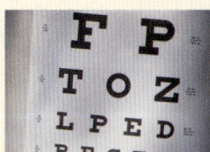

D    E

(1)    (2)    (3)

(4)    (5)

2. 남녀의 대화 내용에 근거하여 정답을 찾으시오.

(1) A: 前边的商店　　　B: 医院　　　　　C: 邮局

(2) A: 男的的妈妈　　　B: 眼科大夫　　　C: 男的的爸爸

(3) A: 病都好了　　　　B: 丢了雨伞　　　C: 生病了

(4) A: 周末打算去朋友家　B: 没有时间休息　C: 男的也很想休息

(5) A: 身体累了　　　　B: 要做作业　　　C: 生病了

단어　请问 qǐngwèn 잠깐 여쭙겠습니다, 실례합니다　意思 yìsi 의미, 뜻

阅读 yuèdú 읽기

1. 보기에서 적당한 단어를 골라 빈칸을 채우시오.

   보기 有点儿 yǒudiǎnr   一点儿 yìdiǎnr   多了 duō le   了 le   因为 yīnwèi

   (1) 昨天我只睡了四个小时，今天身体（   ）累。
       Zuótiān wǒ zhǐ shuì le sì ge xiǎoshí, jīntiān shēntǐ (   ) lèi.

   (2) 大夫说吃（   ）药就会好的。   Dàifu shuō chī (   ) yào jiù huì hǎo de.

   (3) 你妈妈的病好（   ）了吗?   Nǐ māma de bìng hǎo (   ) le ma?

   (4) （   ）天气很阴，所以我就带了雨伞。
       (   ) tiānqì hěn yīn, suǒyǐ wǒ jiù dài le yǔsǎn.

   (5) 她最近身体好（   ）。   Tā zuìjìn shēntǐ hǎo (   ).

   단어 最近 zuìjìn 최근, 근래

2. 지문을 보고 옳고 그름을 판단하시오.

   (1) 我叫金大明，是韩国人。我今年二十六岁了，属虎。我现在在韩国大学学习汉语。我们学校有很多中国学生。我也有很多中国朋友。
       Wǒ jiào Jīn Dàmíng, shì Hánguórén. Wǒ jīnnián èrshíliù suì le, shǔ hǔ. Wǒ xiànzài zài Hánguó Dàxué xuéxí Hànyǔ. Wǒmen xuéxiào yǒu hěn duō Zhōngguó xuésheng. Wǒ yě yǒu hěn duō Zhōngguó péngyou.

   ★ 我的朋友都是中国人。 Wǒ de péngyou dōu shì Zhōngguórén. (   )

   (2) 今天早上起床以后，身体很不舒服。可是今天要考试，不能休息。
       Jīntiān zǎoshang qǐ chuáng yǐhòu, shēntǐ hěn bù shūfu. Kěshì jīntiān yào kǎo shì, bù néng xiūxi.

   ★ 今天我没去上课。 Jīntiān wǒ méi qù shàng kè. (   )

   (3) 爸爸这几天因为工作很忙，晚上没有时间回来吃饭。他这几天每天都在饭馆儿吃午饭和晚饭，只有早饭在家里吃。
       Bàba zhè jǐ tiān yīnwèi gōngzuò hěn máng, wǎnshang méiyǒu shíjiān huí lái chī fàn. Tā zhè jǐ tiān měitiān dōu zài fànguǎnr chī wǔfàn hé wǎnfàn, zhǐ yǒu zǎofàn zài jiā li chī.

   ★ 我爸爸在家吃早饭。 Wǒ bàba zài jiā chī zǎofàn. (   )

❻ Wǒ shēntǐ yǒudiǎnr bù shūfu. 我身体有点儿不舒服。

(4) 我因为考试，累了一个星期，周末想在家休息。可是我男朋友周末想和我一起去看电影。
Wǒ yīnwèi kǎo shì, lèi le yí ge xīngqī, zhōumò xiǎng zài jiā xiūxi. Kěshì wǒ nánpéngyou zhōumò xiǎng hé wǒ yìqǐ qù kàn diànyǐng.

★ 我周末想去看电影。 Wǒ zhōumò xiǎng qù kàn diànyǐng. (　　)

大学 dàxué 대학교　上课 shàng//kè 수업하다
晚饭 wǎnfàn 저녁밥, 저녁 식사　早饭 zǎofàn 아침밥, 아침 식사

说 shuō 말하기

물음에 답하시오.

(1) 你爸爸妈妈身体都好吗? Nǐ bàba māma shēntǐ dōu hǎo ma?

(2) 你周末打算做什么? Nǐ zhōumò dǎsuan zuò shénme?

(3) 你家附近有没有眼科? Nǐ jiā fùjìn yǒu méiyǒu yǎnkē?

(4) 你去过眼科吗? Nǐ qù guo yǎnkē ma?

(5) 你有没有认识的大夫? Nǐ yǒu méiyǒu rènshi de dàifu?

写 xiě 쓰기

다음을 중국어로 작문하시오.

(1) 요 며칠 시험 때문에 너무 힘들었다. _____

(2) 약을 먹으면 좋아질 것이라고 의사 선생님이 말씀하셨다.

_____

(3) 나는 오늘 몸이 좀 불편하다. _____

(4) 너 얼른 병원에 한 번 가봐라. _____

(5) 몸이 많이 좋아졌습니다. _____

第七课

전반부 총복습

- 본문복습
- 새로 나온 단어
- 문법 사항 복습

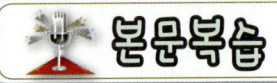

王莉莉来韩国学习已经一年了。她的韩语非常好。
Wáng Lìli lái Hánguó xuéxí yǐjing yì nián le. Tā de Hányǔ fēicháng hǎo.

她每天都复习两个小时的功课。
Tā měitiān dōu fùxí liǎng ge xiǎoshí de gōngkè.

她每天晚上都给爸爸妈妈发电子邮件，也常给他们
Tā měitiān wǎnshang dōu gěi bàba māma fā diànzǐ yóujiàn, yě cháng gěi tāmen
写信。
xiě xìn.

她是一个好学生，也是一个好女儿。
Tā shì yí ge hǎo xuésheng, yě shì yí ge hǎo nǚ'ér.

她这几天因为考试，生病了。
Tā zhè jǐ tiān yīnwèi kǎo shì, shēng bìng le.

她就去了学校前边的眼科。大夫说，眼睛不要
Tā jiù qù le xuéxiào qiánbian de yǎnkē. Dàifu shuō, yǎnjing bú yào
紧，吃了药就会好的。
jǐn, chī le yào jiù huì hǎo de.

새로 나온 단어

| 非常 | fēicháng | 무척, 굉장히 | 不要紧 | bú yàojǐn | 괜찮다, 문제 없다 |
| | | | *要紧 | yàojǐn | 심하다, 심각하다 |

문법 사항 복습

A. 시각표현(2): '差[chà]'와 '刻[kè]'의 용법

가. 差[chà] + X + 分[fēn] + Y + 点[diǎn]: Y시 X분 전
나. 刻[kè]: 15분을 세는 단위
다. 半[bàn] : 30분, 반

❶ 지금은 2시 45분입니다. ⇨
❷ 지금은 2시 5분 전입니다. ⇨
❸ 저는 어제 새벽 1시에 잠을 잤습니다. ⇨
❹ 저는 오늘 아침 7시에 일어났습니다. ⇨
❺ 저는 어제 5시간밖에 자지 못했습니다. ⇨
❻ 저는 매일 두 시간 복습을 합니다. ⇨
❼ 5분 간 쉬세요. ⇨

B. 의문대명사 '怎么[zěnme]'의 용법(2)

怎么[zěnme]: 동사/형용사의 앞에 쓰여서 '원인', '이유' 따위를 따져 묻는다.
어순: 怎么[zěnme] (+ 기타성분) + 동사/형용사 (+ 목적어) (+ 呢[ne])

❶ 그는 왜 밥을 먹지 않습니까? ⇨
❷ 그는 왜 잠을 자지 않습니까? ⇨
❸ 당신은 왜 복습을 하지 않습니까? ⇨
❹ 당신은 왜 친구들에게 이메일을 보내지 않습니까? ⇨

C. 방위사 '里[li]'의 용법

명사 + 里[li]: ……의 안

❶ 우리 학교 안에는 우체국이 하나 있습니다. ⇨
❷ 우리 학교 안에는 은행이 하나 있습니다. ⇨

❸ 제 방 안에는 전화기가 없습니다. (房间 fángjiān: 방) ⇨

❹ 교실 안에는 사람이 없습니다. (教室 jiàoshì: 교실) ⇨

D. 조동사 '要[yào]'의 용법(1)

> 가. 의지: ……하려고 하다, ……하고 싶다 (부정: 不想 [bù xiǎng])
> 나. 당연: ……해야 한다, ……하지 않으면 안 된다 (부정: 不用 [búyòng], 不必[búbì])

❶ 저는 우체국에 편지 부치러 가야 합니다. ⇨

❷ 저는 은행에 환전하러 가야 합니다. ⇨

❸ 저는 여동생에게 선물을 사줘야 합니다. (礼物 lǐwù: 선물)

⇨

❹ 저는 주말에 기숙사에서 쉬려고 합니다. (宿舍 sùshè: 기숙사)

⇨

E. 개사 '给[gěi]'의 용법(1)

> 어순: 给[gěi] + 사람 + 동사
> 가. 물건을 받는 사람을 가리킨다.
> 나. 동작이나 행위가 향하는 대상을 가리킨다.

❶ 저는 엄마에게 편지를 한 통 썼습니다. ⇨

❷ 저는 여자친구에게 이메일을 한 통 보냈습니다. ⇨

❸ 저는 그에게 생일 선물을 하나 사주었습니다. ⇨

❹ 저에게 좀 보여주세요. ⇨

F. 인칭대명사 '咱们[zánmen]'

> 내가 속한 그룹과 상대방이 속한 그룹을 모두 포함하여 말하는 '우리'.

❶ 우리 커피 마시러 갑시다. ⇨

❷ 우리 밥 먹으러 갑시다. ⇨

❸ 우리 밥 먹으러 구내식당으로 갑시다. ⇨

G. 개사 '离[lí]'의 용법

'……으로부터'라는 뜻으로, 두 지점 사이의 시간적·공간적 차이를 나타낼 때, 기준 지점(시점)을 목적어로 가진다.

❶ 기차역은 여기에서 멉니까? (火车站 huǒchēzhàn: 기차역)

⇨

❷ 영화관은 여기에서 멀지 않습니다. (电影院 diànyǐngyuàn: 영화관)

⇨

❸ 우리 집은 학교에서 가깝습니다. ⇨

H. '又[yòu]……又[yòu]……'의 용법

'……하기도 하고……하기도 하다'는 뜻으로 두 가지 이상의 동작, 상태, 상황이 중복 발생함을 나타낸다.

어순: 又[yòu] + A + 又[yòu] + B

❶ 그의 집은 크고 예쁩니다. ⇨

❷ 그 식당의 요리는 싸고 맛있습니다. ⇨

❸ 그 슈퍼마켓의 물건은 비싸고 좋지 않습니다. (贵 guì: 비싸다)

⇨

❹ 그 고양이는 작고 귀엽습니다. (只 zhī: 동물을 세는 양사. 마리 / 可爱 kě'ài: 귀엽다)

⇨

I. 개사구 '从[cóng] + A + 到[dào] + B'의 용법

'A'에는 출발 지점(공간) 혹은 출발 시점(시각)을, 'B'에는 도착 지점 혹은 도착 시점을 넣어서 'A에서 B까지'를 나타낸다.

❶ 우리 집에서 학교까지는 멉니다. ⇨
❷ 저는 월요일부터 금요일까지 매일 학교에 갑니다. ⇨
❸ 저는 오후 1시부터 4시까지 수업이 있습니다. ⇨
❹ 한국에서 중국까지는 멀지 않습니다. ⇨

J. 선택의문문을 만드는 접속사 '还是[háishi]'의 용법

> 둘 혹은 둘 이상의 가능성을 제시하여 상대방에게 그 중 하나를 선택하도록 요구하는 선택의문문을 만든다.
>
> 어순: A + 还是[háishi] + B

❶ 당신은 커피를 좋아합니까 아니면 차를 좋아합니까? ⇨
❷ 당신은 7일에 떠납니까 아니면 8일에 떠납니까? ⇨
❸ 그는 북경에 갑니까 아니면 상해에 갑니까? (上海 Shànghǎi: 상해, 상하이)
  ⇨
❹ 그의 누나는 중국어 선생님입니까 아니면 영어 선생님입니까? (英语 Yīngyǔ: 영어)
  ⇨
❺ 당신 집은 학교에서 멉니까 아니면 가깝습니까? ⇨

K. 접속사 '或者[huòzhě]'의 용법

> 둘 혹은 둘 이상의 단어나 절을 나열하여 그 중 하나밖에 선택할 수 없음을 나타낸다.
>
> 어순: A + 或者[huòzhě] + B

❶ 저는 주말에 친구와 영화를 보러 가거나 아니면 친구와 한담을 나눕니다.
  ⇨
❷ 저는 주말에 친구와 영화를 보러 영화관에 가거나 아니면 한담을 나누러 커피숍에 갑니다.
  (电影院 diànyǐngyuàn: 영화관 / 咖啡厅 kāfēitīng: 커피숍)
  ⇨

❸ 저는 아침에 우유 한 잔을 마시거나 아니면 커피 한 잔을 마십니다.

(牛奶 niúnǎi: 우유 / 杯 bēi: 컵에 담긴 음료를 세는 양사. 컵, 잔)

⇨

❹ 저는 밥 먹으러 구내식당에 가거나 아니면 학교 근처의 식당에 갑니다.

⇨

L. '……了[le], 就[jiù]……'의 용법(1)

앞 뒤 두 가지 행위나 동작이 거의 시차를 두지 않고 연속적으로 이루어짐을 나타낸다.

❶ 저는 밥 먹고 나서 바로 숙제를 할 겁니다. ⇨

❷ 저는 어제 밥 먹고 나서 바로 숙제를 했습니다. ⇨

❸ 저는 우체국에 갔다가 바로 학교로 갈 겁니다. ⇨

❹ 저는 어제 우체국에 갔다가 바로 학교로 갔습니다. ⇨

❺ 우리 영화보고 나서 바로 집으로 돌아갑시다. ⇨

❻ 어제 우리는 영화보고 나서 바로 집으로 돌아갔습니다. ⇨

M. '有点儿[yǒudiǎnr]', '一点儿[yìdiǎnr]'의 용법

가. '약간', '조금'의 뜻으로 형용사 (혹은 동사)의 앞에서 부정적인 느낌으로 쓰인다.

有点儿[yǒudiǎnr] + 형용사/동사

나. '약간', '조금'의 뜻으로 형용사 (혹은 동사)의 뒤에서 객관적으로 정도가 얼마 되지 않음을 나타낸다.

형용사/동사 + 一点儿[yìdiǎnr]

❶ 우리 아버지는 몸이 좀 좋아지셨습니다. ⇨

❷ 좀 편해지셨습니까? ⇨

❸ 저는 눈이 좀 아파서, 잠시 쉬어야겠습니다. ⇨

❹ 저는 몸이 좀 불편해서, 1시간 쉬어야겠습니다. ⇨

N. 형용사 + '多了[duō le]'의 용법

> 두 가지 물건, 현상, 시점 등을 비교한 결과, 그 차가 상당히 크다는 뜻을 나타낸다.

❶ 몸이 많이 좋아졌습니다. ⇨

❷ 요리가 많이 맛있어졌습니다. ⇨

❸ 많이 바빠졌습니다. ⇨

O. 조동사 '可以[kěyǐ]' + …… + '了₂[le]'

> 조동사 구문에 보이는 '了'는 변화 발생의 '了₂'이다.

❶ 저는 이제 잠을 자도 됩니다. ⇨

❷ 당신은 이제 집에 돌아가도 됩니다. ⇨

❸ 당신은 이제 전화를 해도 됩니다. (打 dǎ: [전화 따위를] 걸다)

⇨

❹ 당신은 이제 쉬어도 됩니다. ⇨

第八课

我一个星期打一次篮球。
Wǒ yí ge xīngqī dǎ yí cì lánqiú.

학습목표

동량사 '次[cì]'의 용법　　打几次篮球? Dǎ jǐ cì lánqiú?

부사 '还[hái]'의 용법(1)　你还要吗? Nǐ hái yào ma?

이중목적어(두 개의 목적어)를 가지는 동사
给我一块吧。Gěi wǒ yí kuài ba.

'好[hǎo]'의 부사 용법　　好累。Hǎo lèi.

형용사의 중첩(1)- 단음절 형용사　甜甜[tiántián]

명사의 중첩　天天[tiāntiān]

단어 生词 shēngcí

☐☐ 01	运动	yùndòng	명 운동; 동 운동하다
☐☐ 02	跑步	pǎo//bù	동 달리다, 조깅하다
☐☐ 03	游泳	yóu//yǒng	명 수영; 동 수영하다
☐☐ 04	打篮球	dǎ lánqiú	농구하다

　　*打 dǎ 동 (놀이 혹은 운동을) 하다　　*篮球 lánqiú 명 농구

☐☐ 05	有时候	yǒushíhou	때로는
☐☐ 06	踢足球	tī zúqiú	축구하다

　　*踢 tī 동 (발로) 차다　　*足球 zúqiú 명 축구

☐☐ 07	次	cì	양 동작의 횟수를 세는 동량사. 번, 회
☐☐ 08	差不多	chàbuduō	부 대체로, 거의
☐☐ 09	西瓜	xīguā	명 수박
☐☐ 10	甜	tián	형 달다
☐☐ 11	还	hái	부 게다가, 더, 또
☐☐ 12	再	zài	부 다시, 더
☐☐ 13	给	gěi	동 주다
☐☐ 14	块	kuài	양 조각이나 덩어리 형태의 물건을 세는 양사. 조각, 덩어리
☐☐ 15	最近	zuìjìn	명 최근, 근래
☐☐ 16	好	hǎo	부 아주, 매우
☐☐ 17	心情	xīnqíng	명 기분
☐☐ 18	应该	yīnggāi	조동 (마땅히)……해야 한다
☐☐ 19	天天	tiāntiān	매일같이, 날마다

怎么写? zěnme xiě?

획순	篮	篮	篮	篮	篮	篮	篮	篮	篮	篮	篮	篮	篮	篮	篮	篮	총16획
篮	篮	篮	篮														
lán																	

획순	踢	踢	踢	踢	踢	踢	踢	踢	踢	踢	踢	踢	踢	踢	踢	총15획
踢	踢	踢	踢														
tī																	

획순	球	球	球	球	球	球	球	球	球	球	球	총11획
球	球	球	球									
qiú													

획순	瓜	瓜	瓜	瓜	瓜	총5획
瓜	瓜	瓜	瓜			
guā						

획순	甜	甜	甜	甜	甜	甜	甜	甜	甜	甜	甜	총11획
甜	甜	甜	甜									
tián													

획순	应	应	应	应	应	应	应	총7획
应	应	应	应					
yīng									

❽ Wǒ yí ge xīngqī dǎ yí cì lánqiú. 我一个星期打一次篮球。

문법 语法 yǔfǎ

1 동량사 '次[cì]'의 용법

동작의 횟수를 세는 양사를 '동량사'라고 한다. '次[cì]'는 '번', '회'의 뜻으로 쓰이는 대표적인 동량사이다.

어순1　주어 + 동사 + 수사 + 동량사(次[cì]) + 목적어

我　去过　一　次　中国。
Wǒ　qù guo　yí　cì　Zhōngguó.

- 我每月回一次家。 Wǒ měiyuè huí yí cì jiā.

어순2　주어 + 동사 + 목적어 + 수사 + 동량사(次[cì])

我　去过　中国　一　次。
Wǒ　qù guo　Zhōngguó　yí　cì.

- 我每月回家一次。 Wǒ měiyuè huí jiā yí cì.

2 부사 '还[hái]'의 용법(1)

'게다가', '더', '또'라는 뜻의 부사로, 수량이 증가하거나 범위가 더욱 확대됨을 나타낸다.

- 你明天还来吗? Nǐ míngtiān hái lái ma?
- 我还会说日语。 Wǒ hái huì shuō Rìyǔ.

★ 日语 [Rìyǔ] 일본어

3 이중목적어(두 개의 목적어)를 가지는 동사

'给[gěi]', '教[jiāo]', '告诉[gàosu]', '叫[jiào]' 등 일부 동사는 목적어를 두 개 가질 수 있다. 첫 번째 목적어를 간접 목적어(사람), 두 번째 목적어를 직접 목적어(사물)라고 한다.

어순　동사 + 간접 목적어(사람) + 직접 목적어(사물)

我　给　她　一个礼物。
Wǒ　gěi　tā　yí ge lǐwù.

- 王老师教我们汉语。 Wáng lǎoshī jiāo wǒmen Hànyǔ.
- 学生们叫她'小金'。 Xuéshengmen jiào tā 'Xiǎo Jīn'.

★ 礼物 [lǐwù] 선물

4 '好[hǎo]'의 부사 용법

형용사를 수식하여 그 정도가 대단함을 나타내는데, 대부분 감탄의 느낌이 숨어 있다.

> **어순**   好[hǎo] + 형용사

好　　长　　的河!
Hǎo　cháng de hé!

- 好大的眼睛! Hǎo dà de yǎnjing!

5 형용사의 중첩(1)- 단음절 형용사

단음절 형용사(A)가 'AA' 형태로 중첩되면, 형용사의 원래 의미에 좀 더 생생한 느낌이 추가된다. 구어체에서는 'AA+儿'로 발음하는 경우가 많은데, 이 경우 두 번째 음절은 제1성으로 바뀐다.

단음절 형용사(A)	중첩형(AA)	중첩형(AA儿)
好[hǎo]	好好[hǎohǎo]	好好儿[hǎohāor]
慢[màn]	慢慢[mànmàn]	慢慢儿[mànmānr]

* 慢 [màn] 느리다

6 명사의 중첩

양사의 성격을 가진 몇몇 명사만이 중첩형을 만들 수 있고, 일단 중첩되면 원래의 의미에 '예외없이', '모두'라는 뜻이 추가된다.

- 人人都喜欢吃中国菜。Rénrén dōu xǐhuan chī Zhōngguócài.
- 家家都有电脑。Jiājiā dōu yǒu diànnǎo.

* 电脑 [diànnǎo] 컴퓨터

❽ Wǒ yí ge xīngqī dǎ yí cì lánqiú. 我一个星期打一次篮球。

본문 课文 kèwén

1 경민은 너무 열심히 공부하는 리리의 건강이 걱정스럽다.

金景民　你平时做运动吗?
Jīn Jǐngmín　Nǐ píngshí zuò yùndòng ma?

王莉莉　我每天早上去跑步，周末去游泳。你呢?
Wáng Lìli　Wǒ měitiān zǎoshang qù pǎo bù, zhōumò qù yóu yǒng. Nǐ ne?

金景民　我喜欢打篮球。有时候也踢足球。
Jīn Jǐngmín　Wǒ xǐhuan dǎ lánqiú. Yǒushíhou yě tī zúqiú.

王莉莉　你一个星期打几次篮球?
Wáng Lìli　Nǐ yí ge xīngqī dǎ jǐ cì lánqiú?

金景民　差不多打两三次。
Jīn Jǐngmín　Chàbuduō dǎ liǎngsān cì.

Tip
어림수 표시(1)
'一(yī)'부터 '九(jiǔ)'까지는 이웃하는 두 개의 숫자를 붙여서 어림수를 표현할 수 있다.
两三个人 liǎngsān ge rén
十五六个学生 shíwǔliù ge xuésheng

새로 나온 단어

运动	yùndòng	운동 ; 운동하다
跑步	pǎo//bù	달리다, 조깅하다
游泳	yóu//yǒng	수영 ; 수영하다
打篮球	dǎ lánqiú	농구하다
*打	dǎ	(놀이 혹은 운동을) 하다
*篮球	lánqiú	농구
有时候	yǒushíhou	때로는
踢足球	tī zúqiú	축구하다
*踢	tī	(발로) 차다
*足球	zúqiú	축구
次	cì	동작의 횟수를 세는 동량사. 번, 회
差不多	chàbuduō	대체로, 거의

2 경민에게는 매일 운동한다고 했지만, 실제로는 시험 준비하느라 운동할 시간이 없는 리리가 룸메이트인 장밍에게 속마음을 털어놓는다.

王莉莉 Wáng Lìli	明明，你要不要吃西瓜？ Míngming, nǐ yào bu yào chī xīguā?	
张　明 Zhāng Míng	谢谢。这个西瓜真甜。 Xièxie. Zhè ge xīguā zhēn tián.	
王莉莉 Wáng Lìli	你还要吗？我这儿还有。 Nǐ hái yào ma? Wǒ zhèr hái yǒu.	
张　明 Zhāng Míng	好的。你再给我一块吧。 Hǎo de. Nǐ zài gěi wǒ yí kuài ba.	
王莉莉 Wáng Lìli	最近好累，吃了甜甜的西瓜，心情好了点儿。 Zuìjìn hǎo lèi, chī le tiántián de xīguā, xīnqíng hǎo le diǎnr.	
张　明 Zhāng Míng	那你应该天天吃西瓜。 Nà nǐ yīnggāi tiāntiān chī xīguā.	

새로 나온 단어

西瓜	xīguā	수박		最近	zuìjìn	최근, 근래
甜	tián	달다		好	hǎo	아주, 매우
还	hái	게다가, 더, 또		心情	xīnqíng	기분
再	zài	다시, 더		应该	yīnggāi	(마땅히)……해야 한다
给	gěi	주다		天天	tiāntiān	매일같이, 날마다
块	kuài	조각이나 덩어리 형태의 물건을 세는 양사. 조각, 덩어리				

❽ Wǒ yí ge xīngqī dǎ yí cì lánqiú. 我一个星期打一次篮球。

你一个星期打几次篮球?
Nǐ yí ge xīngqī dǎ jǐ cì lánqiú?

바꿔 봅시다!

看 kàn
喝 hē
去 qù

바꿔 봅시다!

电影 diànyǐng
酒 jiǔ
学校 xuéxiào

你还要西瓜吗?
Nǐ hái yào xīguā ma?

바꿔 봅시다!

吃面包 chī miànbāo
看电视 kàn diànshì
听音乐 tīng yīnyuè

단어
酒 jiǔ 술 | 电视 diànshì 텔레비전 | 听 tīng 듣다 | 音乐 yīnyuè 음악

我一个星期打一两次篮球。
Wǒ yí ge xīngqī dǎ yìliǎng cì lánqiú.

바꿔 봅시다!

一个星期 yí ge xīngqī
一个月 yí ge yuè
一年 yì nián

바꿔 봅시다!

踢两三次足球 tī liǎngsān cì zúqiú
看三四次电影 kàn sānsì cì diànyǐng
去四五次中国 qù sìwǔ cì Zhōngguó

我有时候也踢足球。
Wǒ yǒushíhou yě tī zúqiú.

바꿔 봅시다!

打篮球 dǎ lánqiú
游泳 yóu//yǒng
喝咖啡 hē kāfēi

단어
年 nián 년, 해

❽ Wǒ yí ge xīngqī dǎ yí cì lánqiú. 我一个星期打一次篮球。

연습문제 练习 lianxí

听 tīng 듣기

1. 남녀의 대화를 듣고 일치하는 그림을 찾으시오.

A  B  C

D  E

(1)    (2)   (3)

(4)  (5)

단어 打 dǎ (전화 따위를) 걸다

2. 남녀의 대화 내용에 근거하여 정답을 찾으시오.

(1) A: 咖啡　　　　　B: 西瓜　　　　　　C: 猪排骨

(2) A: 明天不考试　　B: 身体不舒服　　　C: 心情不太好

(3) A: 篮球　　　　　B: 游泳　　　　　　C: 跑步

(4) A: 今天会下雨　　B: 今天会下大雨　　C: 今天不会下雨

(5) A: 家　　　　　　B: 饭馆儿　　　　　C: 学校食堂

阅读 yuèdú 읽기

1. 보기에서 적당한 단어를 골라 빈칸을 채우시오.

   | 보기 | 做 zuò   打 dǎ   踢 tī   好 hǎo   还 hái |

   (1) 时间已经很晚了，你(　　　)要学习吗? 去睡觉吧。
   　　Shíjiān yǐjing hěn wǎn le, nǐ (　　) yào xuéxí ma? Qù shuì jiào ba.

   (2) 我今天(　　　)累呀!　　Wǒ jīntiān (　　) lèi ya!

   (3) 我弟弟每个周末都去(　　　)篮球。Wǒ dìdi měi ge zhōumò dōu qù (　　) lánqiú.

   (4) 我不会(　　　)足球。　　Wǒ bú huì (　　) zúqiú.

   (5) 你喜欢(　　　)什么运动?　　Nǐ xǐhuan (　　) shénme yùndòng?

   > 단어
   > 晚 wǎn (시간적으로) 늦다

2. 지문을 보고 옳고 그름을 판단하시오.

   (1) 我家有六口人。奶奶、爸爸、妈妈、两个弟弟和我。我的两个弟弟都很可爱。大弟弟今年十岁了，小弟弟今年只有七岁。他们都说我很漂亮。
   Wǒ jiā yǒu liù kǒu rén. Nǎinai, bàba, māma, liǎng ge dìdi hé wǒ. Wǒ de liǎng ge dìdi dōu hěn kě'ài. Dà dìdi jīnnián shí suì le, xiǎo dìdi jīnnián zhǐ yǒu qī suì. Tāmen dōu shuō wǒ hěn piàoliang.

   ★ 我是女的。Wǒ shì nǚ de. (　　)

   (2) 我平时七点起床。今天是星期天，我九点起的床，觉得身体很舒服。
   Wǒ píngshí qī diǎn qǐ chuáng. Jīntiān shì xīngqītiān, wǒ jiǔ diǎn qǐ de chuáng, juéde shēntǐ hěn shūfu.

   ★ 我明天要七点起床。Wǒ míngtiān yào qī diǎn qǐ chuáng. (　　)

   (3) 因为我弟弟喜欢吃甜的，所以他天天都吃蛋糕。
   Yīnwèi wǒ dìdi xǐhuan chī tián de, suǒyǐ tā tiāntiān dōu chī dàngāo.

   ★ 蛋糕很甜，我弟弟不喜欢吃。Dàngāo hěn tián, wǒ dìdi bù xǐhuan chī. (　　)

   ❽ Wǒ yí ge xīngqī dǎ yí cì lánqiú. 我一个星期打一次篮球。

(4) 我姐姐每天晚上都复习旧课、预习新课。但是我每天晚上都给朋友打电话，和朋友聊天，没有时间复习功课。
Wǒ jiějie měitiān wǎnshang dōu fùxí jiù kè, yùxí xīn kè. Dànshì wǒ měitiān wǎnshang dōu gěi péngyou dǎ diànhuà, hé péngyou liáo tiān, méiyǒu shíjiān fùxí gōngkè.

★ 我不常复习功课。 Wǒ bù cháng fùxí gōngkè. (　　)

> 단어
> 可爱 kě'ài 귀엽다　觉得 juéde ……라고 여기다, ……라고 생각하다
> 蛋糕 dàngāo 케이크　打 dǎ (전화 따위를) 걸다

说 shuō 말하기

물음에 답하시오.

(1) 你会游泳吗? Nǐ huì yóu yǒng ma?

(2) 你一天洗几次手? Nǐ yì tiān xǐ jǐ cì shǒu?

(3) 你一个星期去几次图书馆? Nǐ yí ge xīngqī qù jǐ cì túshūguǎn?

(4) 你一个月看几次电影? Nǐ yí ge yuè kàn jǐ cì diànyǐng?

(5) 你一年买几件衣服? Nǐ yì nián mǎi jǐ jiàn yīfu?

> 단어
> 洗 xǐ 씻다　手 shǒu 손　图书馆 túshūguǎn 도서관
> 年 nián 년, 해　件 jiàn 옷을 세는 양사. 벌　衣服 yīfu 옷

写 xiě 쓰기

다음을 중국어로 작문하시오.

(1) 저는 매일 아침마다 수영하러 갑니다. _____

(2) 당신은 일주일에 농구를 몇 번 하십니까? _____

(3) 저는 한 달에 영화를 두 번 봅니다. _____

(4) 달콤한 수박을 먹으니 기분이 좀 좋아졌습니다. _____

(5) 저는 한국 음식을 좋아합니다. 그러나 때로는 중국 음식도 먹습니다.

_____

第九课

你已经是中国通了。
Nǐ yǐjing shì Zhōngguótōng le.

학습목표

동사 '爱[ài]'의 용법
北方人爱吃咸的。Běifāngrén ài chī xián de.

평서문 + '好吗[hǎo ma]'?의 용법
你再给我介绍一下别的饮食习惯，好吗?
Nǐ zài gěi wǒ jièshào yíxià biéde yǐnshí xíguàn, hǎo ma?

수량사 '一下[yíxià]'의 용법
你再给我介绍一下别的饮食习惯。
Nǐ zài gěi wǒ jièshào yíxià biéde yǐnshí xíguàn.

반어문 용법(1) – '不是[bú shì] ……吗[ma]?'

단어 生词 shēngcí

□ □ 01	报告	bàogào	명 보고(서); 동 보고하다
□ □ 02	饮食	yǐnshí	명 음식
□ □ 03	文化	wénhuà	명 문화
□ □ 04	南甜北咸	nántián běixián	남쪽 사람은 단 것, 북쪽 사람은 짠 것을 좋아한다

　　*南 nán 명 남쪽　　　　　　　*北 běi 명 북쪽

□ □ 05	意思	yìsi	명 뜻, 의미
□ □ 06	南方	nánfāng	명 남방
□ □ 07	爱	ài	동 ……하기를 좋아하다
□ □ 08	北方	běifāng	명 북방
□ □ 09	咸	xián	형 짜다
□ □ 10	介绍	jièshào	동 소개하다
□ □ 11	一下	yíxià	양 한번 ……하다, 한번 ……해보다
□ □ 12	别的	biéde	대 다른 것
□ □ 13	习惯	xíguàn	명 습관, 습성; 동 습관이 되다, 습성이 되다
□ □ 14	问	wèn	동 묻다
□ □ 15	猜	cāi	동 추리하다, 맞히다
□ □ 16	炸酱面	zhájiàngmiàn	명 짜장면
□ □ 17	容易	róngyì	형 쉽다
□ □ 18	米饭	mǐfàn	명 쌀밥
□ □ 19	面条(儿)	miàntiáo(r)	명 국수
□ □ 20	中国通	Zhōngguótōng	명 중국통

怎么写? zěnme xiě?

획순	咸 咸 咸 咸 咸 咸 咸 咸 咸									총9획
咸 xián	咸	咸	咸							

획순	爱 爱 爱 爱 爱 爱 爱 爱 爱 爱									총10획
爱 ài	爱	爱	爱							

획순	北 北 北 北 北									총5획
北 běi	北	北	北							

획순	惯 惯 惯 惯 惯 惯 惯 惯 惯 惯 惯									총11획
惯 guàn	惯	惯	惯							

획순	猜 猜 猜 猜 猜 猜 猜 猜 猜 猜 猜									총11획
猜 cāi	猜	猜	猜							

획순	酱 酱 酱 酱 酱 酱 酱 酱 酱 酱 酱 酱 酱									총13획
酱 jiàng	酱	酱	酱							

❾ Nǐ yǐjing shì Zhōngguótōng le. 你已经是中国通了。

문법 语法 yǔfǎ

1 동사 '爱[ài]'의 용법

주로 습관적·일상적으로 이루어지는 행위나 행동을 목적어(구)로 가진다.

> 어순   爱[ài] + 동사 (+ 목적어)

我 爱 看 书。
Wǒ ài kàn shū.

- 她爱哭。Tā ài kū.

* 哭 [kū] 울다

2 평서문 + '好吗[hǎo ma]?'의 용법

상대방에게 의뢰, 제안을 하거나 상담, 확인을 요구하는 부가의문문을 만든다.

- 我们一起去看电影, 好吗? Wǒmen yìqǐ qù kàn diànyǐng, hǎo ma?
- 咱们去饭馆儿吃饭, 好吗? Zánmen qù fànguǎnr chī fàn, hǎo ma?

3 수량사 '一下[yíxià]'의 용법

'下[xià]'는 짧은 시간에 이루어지는 동작을 세는 동량사이다. 주로 '一下[yíxià]'의 형태로 쓰여서 동사의 동작을 '잠깐 해보다'는 뜻을 나타내는데, 동사의 중첩형보다 조금 더 부드러운 느낌을 준다.

> 어순   동사 + 一下[yíxià]

请 等 一下。
Qǐng děng yíxià.

- 你想一下。Nǐ xiǎng yíxià.

4 반어문 용법(1): '不是[bú shì] ……吗[ma]?'

말하고자 하는 내용을 반대로 표현하여 더욱 강력하게 주장하는 것이 반어문인데, 긍정 반어문은 '강한 부정'을, 부정 반어문은 '강한 긍정'을 나타낸다. '不是[bú shì] ……吗[ma]?'는 부정 반어문의 대표적인 표현이다.

- 这不是你的书吗? Zhè bú shì nǐ de shū ma?
 (이것이 네 책이 아니니? → 틀림없이 너의 책이다.)

- 你不是明天去中国吗? Nǐ bú shì míngtiān qù Zhōngguó ma?
 (너는 내일 중국에 가는 게 아니었니? → 분명히 내일 중국에 가는 걸로 알고 있었는데.)

참고! 긍정 반어문이든 부정 반어문이든 얼핏 보면 일반적인 의문문과 동일하다. 그렇지만 대화할 때 '是[shì]' 혹은 '不是[bú shì]'를 특별히 강하게 발음한다는 점, 전체적으로 뒤로 갈수록 말하는 톤이 점점 올라간다는 점에서 쉽게 구별할 수 있다.

긍정 반어문: 这是你的书吗? Zhè shì nǐ de shū ma?
 (이것이 네 책이라고? → 분명히 너의 책이 아닐텐데.)

❾ Nǐ yǐjing shì Zhōngguótōng le. 你已经是中国通了。

본문 课文 kèwén

1 중국 문화 수업에 제출해야 할 리포트 때문에 경민은 리리를 만난다.

金景民　莉莉，我要写一个报告。
Jīn Jǐngmín　Lìli, wǒ yào xiě yí ge bàogào.

王莉莉　你要写什么报告？
Wáng Lìli　Nǐ yào xiě shénme bàogào?

金景民　写中国的饮食文化。
Jīn Jǐngmín　Xiě Zhōngguó de yǐnshí wénhuà.

王莉莉　你知道'南甜北咸'吗？
Wáng Lìli　Nǐ zhīdao 'nántián běixián' ma?

金景民　不知道。那是什么意思？
Jīn Jǐngmín　Bù zhīdao. Nà shì shénme yìsi?

王莉莉　中国的南方人爱吃甜的，北方人爱吃咸的。
Wáng Lìli　Zhōngguó de nánfāngrén ài chī tián de, běifāngrén ài chī xián de.

새로 나온 단어

报告	bàogào	보고(서); 보고하다	*北	běi	북쪽
饮食	yǐnshí	음식	意思	yìsi	뜻, 의미
文化	wénhuà	문화	南方	nánfāng	남방
南甜北咸	nántián běixián	남쪽 사람은 단 것, 북쪽 사람은 짠 것을 좋아한다	爱	ài	……하기를 좋아하다
			北方	běifāng	북방
*南	nán	남쪽	咸	xián	짜다

106

2 평소 관심이 있던 중국의 음식 문화를 리포트 제목으로 정하고, 경민이 리리에게 도움을 청한다.

金景民 你再给我介绍一下别的饮食习惯，好吗？
Jīn Jǐngmín　Nǐ zài gěi wǒ jièshào yíxià biéde yǐnshí xíguàn, hǎo ma?

王莉莉 好的。我先问你一个问题，你猜一下吧。
Wáng Lìli　Hǎo de. Wǒ xiān wèn nǐ yí ge wèntí, nǐ cāi yíxià ba.

金景民 什么问题？你快问。
Jīn Jǐngmín　Shénme wèntí? Nǐ kuài wèn.

王莉莉 炸酱面是南方的还是北方的？
Wáng Lìli　Zhájiàngmiàn shì nánfāng de háishi běifāng de?

金景民 太容易了。中国南方人不是爱吃米饭，
Jīn Jǐngmín　Tài róngyì le. Zhōngguó nánfāngrén bú shì ài chī mǐfàn,

北方人爱吃面条儿吗？
běifāngrén ài chī miàntiáor ma?

王莉莉 你已经是中国通了。
Wáng Lìli　Nǐ yǐjing shì Zhōngguótōng le.

새로 나온 단어

介绍 jièshào	소개하다	
一下 yíxià	한번 ……하다, 한번 ……해보다	
别的 biéde	다른 것	
习惯 xíguàn	습관, 습성 ; 습관이 되다, 습성이 되다	
问 wèn	묻다	

猜 cāi	추리하다, 맞히다	
炸酱面 zhájiàngmiàn	짜장면	
容易 róngyì	쉽다	
米饭 mǐfàn	쌀밥	
面条(儿) miàntiáo(r)	국수	
中国通 Zhōngguótōng	중국통	

❾ Nǐ yǐjing shì Zhōngguótōng le. 你已经是中国通了。

문형연습 句型练习 jùxíng liànxí 기본문형 익히기

你猜一下吧。
Nǐ cāi yíxià ba.

바꿔 봅시다!

休息 xiūxi
看 kàn
写 xiě

中国南方人不是爱吃米饭吗?
Zhōngguó nánfāngrén bú shì ài chī mǐfàn ma?

바꿔 봅시다!   바꿔 봅시다!

你 nǐ   爱喝咖啡 ài hē kāfēi
他 tā   韩国人 Hánguórén
她 tā   你女朋友 nǐ nǚpéngyou

他问我一个问题。
Tā wèn wǒ yí ge wèntí.

바꿔 봅시다!

问我有没有手机 wèn wǒ yǒu méiyǒu shǒujī
给我一个面包 gěi wǒ yí ge miànbāo
给我十块钱 gěi wǒ shí kuài qián

你已经是中国通了。
Nǐ yǐjing shì Zhōngguótōng le.

바꿔 봅시다!   **바꿔 봅시다!**

我哥哥 wǒ gēge	大学生 dàxuéshēng
现在 xiànzài	八月 bā yuè
现在 xiànzài	十二点 shí'èr diǎn

❾ Nǐ yǐjing shì Zhōngguótōng le. 你已经是中国通了。

연습문제 练习 liànxí

听 tīng 듣기

1. 남녀의 대화를 듣고 일치하는 그림을 찾으시오.

A    B 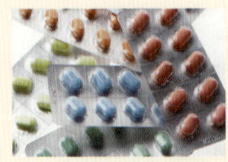   C

D    E

(1)    (2)    (3)

(4)   (5)

> **단어**
> 当然 dāngrán 당연히, 물론

2. 남녀의 대화 내용에 근거하여 정답을 찾으시오.

(1) A: 太咸了　　　　B: 有点儿咸　　　　C: 不咸

(2) A: 米饭　　　　　B: 面包　　　　　　C: 面条

(3) A: 一个　　　　　B: 两个　　　　　　C: 五个

(4) A: 五点三十五分　B: 五点五十五分　　C: 六点五分

(5) A: 是新买的　　　B: 是旧手机　　　　C: 不好看

> **단어**
> 觉得 juéde ……라고 여기다, ……라고 생각하다
> 出发 chūfā 출발하다

阅读 yuèdú 읽기

1. 보기에서 적당한 단어를 골라 빈칸을 채우시오.

> 보기   过 guo   给 gěi   还 hái   意思 yìsi   问 wèn

(1) 你知道这个生词的(　　　)吗?　　Nǐ zhīdao zhè ge shēngcí de (　　　) ma?

(2) 中国(　　　)有哪些饮食习惯?　　Zhōngguó (　　　) yǒu nǎ xiē yǐnshí xíguàn?

(3) 我可以(　　　)老师一个问题吗?　　Wǒ kěyǐ (　　　) lǎoshī yí ge wèntí ma?

(4) 汉语老师(　　　)我们介绍了很多中国的文化。
　　Hànyǔ lǎoshī (　　　) wǒmen jièshào le hěn duō Zhōngguó de wénhuà.

(5) 我没吃(　　　)中国南方菜。　　Wǒ méi chī (　　　) Zhōngguó nánfāngcài.

> 단어
> 生词 shēngcí 새 단어

2. 지문을 보고 옳고 그름을 판단하시오.

(1) 我不爱吃面包，我爱吃米饭。可是这几个月一直很忙，早上都没有时间吃饭。
　　Wǒ bú ài chī miànbāo, wǒ ài chī mǐfàn. Kěshì zhè jǐ ge yuè yìzhí hěn máng, zǎoshang dōu méiyǒu shíjiān chī fàn.

　★ 我平时常吃早饭。Wǒ píngshí cháng chī zǎofàn. (　　　)

(2) 现在是冬天。现在买西瓜会很贵。
　　Xiànzài shì dōngtiān. Xiànzài mǎi xīguā huì hěn guì.

　★ 现在是五月。Xiànzài shì wǔ yuè. (　　　)

(3) 一般来说，北方人爱吃咸的，南方人爱吃甜的，山东人爱吃辣的，山西人爱吃酸的。
　　Yìbān láishuō, běifāngrén ài chī xián de, nánfāngrén ài chī tián de, Shāndōngrén ài chī là de, Shānxīrén ài chī suān de.

　★ 中国人不吃辣的。Zhōngguórén bù chī là de. (　　　)

(4) 明天是小李的生日，他来韩国以后，第一次过生日。我们打算给他过生日。
　　Míngtiān shì Xiǎo Lǐ de shēngrì, tā lái Hánguó yǐhòu, dì yī cì guò shēngrì. Wǒmen dǎsuan gěi tā guò shēngrì.

　★ 我们已经给小李过生日了。Wǒmen yǐjing gěi Xiǎo Lǐ guò shēngrì le. (　　　)

> 단어
> 一直 yìzhí 줄곧　　早饭 zǎofàn 아침밥, 아침 식사　　冬天 dōngtiān 겨울　　贵 guì 비싸다
> 一般来说 yìbān láishuō 일반적으로 말해서　　山东 Shāndōng 산동　　辣 là 맵다　　山西 Shānxī 산서
> 酸 suān 시다　　第一次 dì yī cì 첫 번째　　过 guò 지내다

说 shuō 말하기

물음에 답하시오.

(1) 南甜北咸是什么意思? Nántián běixián shì shénme yìsi?

(2) 中国的北方人爱吃甜的吗? Zhōngguó de běifāngrén ài chī tián de ma?

(3) 你今天早上吃饭了吗? Nǐ jīntiān zǎoshang chī fàn le ma?

(4) 你爱吃米饭还是面条儿? Nǐ ài chī mǐfàn háishi miàntiáor?

(5) 你常问老师问题吗? Nǐ cháng wèn lǎoshī wèntí ma?

写 xiě 쓰기

다음을 중국어로 작문하시오.

(1) 당신이 저에게 중국의 음식 문화를 좀 소개해주세요.
___

(2) 제가 당신에게 중국 사람을 한 명 소개해 드리겠습니다.
___

(3) 제가 우선 당신에게 질문을 하나 하겠습니다.
___

(4) 당신이 한 번 맞춰보세요.
___

(5) 빨리 숙제하세요.
___

第十课

你的头发一点儿也不长。
Nǐ de tóufa yìdiǎnr yě bù cháng.

학습목표

반어문 용법(2) – '什么[shénme]'

'一点儿[yìdiǎnr] ……也[yě]'의 용법
一点儿也不长。Yìdiǎnr yě bù cháng.

'동사 + 결과보어(형용사)'의 용법(1) 剪短 [jiǎn duǎn]

동사 '听说[tīng//shuō]'의 용법(1)
听说很不错。Tīng shuō hěn búcuò.

단어 生词 shēngcí

□□01	头发	tóufa	명 머리카락
□□02	长	cháng	형 길다
□□03	剪	jiǎn	동 자르다
□□04	短	duǎn	형 짧다
□□05	其实	qíshí	부 사실은
□□06	发型	fàxíng	명 머리 모양, 헤어 스타일
□□07	美发店	měifàdiàn	명 미용실
□□08	清楚	qīngchu	형 분명하다, 뚜렷하다
□□09	剪发	jiǎn//fà	동 머리카락을 자르다
□□10	帮	bāng	동 돕다

*帮助 bāngzhù 동 돕다

□□11	听说	tīng//shuō	동 듣자하니, 들은 바에 의하면
□□12	不错	búcuò	형 훌륭하다, 좋다
□□13	带	dài	동 인솔하다

怎么写? zěnme xiě?

획순	头 头 头 头 头								총5획
头 tóu	头	头	头						

획순	长 长 长 长								총4획
长 cháng	长	长	长						

획순	剪 剪 剪 剪 剪 剪 剪 剪 剪 剪 剪								총11획
剪 jiǎn	剪	剪	剪						

획순	实 实 实 实 实 实 实 实								총8획
实 shí	实	实	实						

획순	楚 楚 楚 楚 楚 楚 楚 楚 楚 楚 楚 楚 楚								총13획
楚 chǔ	楚	楚	楚						

획순	帮 帮 帮 帮 帮 帮 帮 帮 帮								총9획
帮 bāng	帮	帮	帮						

⑩ Nǐ de tóufa yìdiǎnr yě bù cháng. 你的头发一点儿也不长。

문법 语法 yǔfǎ

1 반어문 용법(2): '什么[shénme]'

원래 목적어를 취하지 않는 형용사나 자동사의 목적어 위치에 의문사 '什么[shénme]'를 써서 반어적으로 상대에 대한 강한 '불만'이나 '반발심'을 표시한다.

- 漂亮什么? Piàoliang shénme? (예쁘긴 뭘 예쁘다고!)
- 干净什么? Gānjìng shénme? (깨끗하기는 뭐가 깨끗하다고!)
- 你哭什么? Nǐ kū shénme? (울긴 뭘 울어!)

* 干净 [gānjìng] 깨끗하다   哭 [kū] 울다

2 '一点儿[yìdiǎnr]……也[yě]'의 용법

약간의 예외도 없음을 강조하는 문형으로, '조금도……하지 않다'는 뜻을 나타낸다. 뒤에는 주로 부정문이 이어진다.

| 어순 | 一点儿[yìdiǎnr] (+ 명사) + 也[yě]/都[dōu] + 부정사 不[bù]/没[méi] + 형용사/동사 |

我	一点儿		也	不	累。
Wǒ	yìdiǎnr		yě	bú	lèi.

- 家里一点儿声音都没有。 Jiā li yìdiǎnr shēngyīn dōu méiyǒu.
- 我一点儿也不喜欢喝酒。 Wǒ yìdiǎnr yě bù xǐhuan hē jiǔ.
- 他一点儿汉语都不会说。 Tā yìdiǎnr Hànyǔ dōu bú huì shuō.

* 声音 [shēngyīn] 소리   酒 [jiǔ] 술

3 '동사 + 결과보어(형용사)'의 용법(1)

결과보어로 쓰이는 형용사는 동사의 뒤에서 동사의 동작 결과가 어떻게 되었는지를 표시한다. 일반적으로 동사의 앞에 부정사 '没[méi]'를 써서 부정한다. 또한 결과보어 자리에는 형용사 이외에, 동사(결과보어 용법(2))가 오는 경우도 있다.

| 어순 | 주어 + 동사 + 결과보어(형용사) (+ 목적어) |

我 走 累 了。
Wǒ zǒu lèi le.

- 我来晚了。 Wǒ lái wǎn le.

| 부정 | 주어 + 没[méi] + 동사 + 결과보어(형용사) (+ 목적어) |

他 没 来 晚。
Tā méi lái wǎn.

- A: 你听清楚了吗? Nǐ tīng qīngchu le ma?
- B: 我没听清楚。 Wǒ méi tīng qīngchu.

* 晚 [wǎn] (시간적으로) 늦다

4 동사 '听说[tīng//shuō]'의 용법(1)

문장의 첫머리에 쓰여서 '소문'이나 '전문(傳聞)'을 표현한다.

- 听说她去中国了。 Tīng shuō tā qù Zhōngguó le.
- 听说那家饭馆儿的菜很好吃。 Tīng shuō nà jiā fànguǎnr de cài hěn hǎochī.
- 听说他有女朋友了。 Tīng shuō tā yǒu nǚpéngyou le.

⑩ Nǐ de tóufa yìdiǎnr yě bù cháng. 你的头发一点儿也不长。

본문 课文 kèwén

1 한국에 온 뒤 줄곧 미용실에 갈 기회가 없었던 장밍은 헤어 스타일을 바꾸고 싶은 마음에 리리에게 상담한다.

张 明 莉莉，你看我的头发长不长？
Zhāng Míng Lìli, nǐ kàn wǒ de tóufa cháng bu cháng?

王莉莉 你的头发长什么？一点儿也不长。
Wáng Lìli Nǐ de tóufa cháng shénme? Yìdiǎnr yě bù cháng.

张 明 可是我想再剪短一点儿呢。
Zhāng Míng Kěshì wǒ xiǎng zài jiǎn duǎn yìdiǎnr ne.

王莉莉 其实，我也很想换一个发型。
Wáng Lìli Qíshí, wǒ yě hěn xiǎng huàn yí ge fàxíng.

张 明 你说我们去哪家美发店好呢？
Zhāng Míng Nǐ shuō wǒmen qù nǎ jiā měifàdiàn hǎo ne?

王莉莉 我也不清楚。咱们去问问景民吧。
Wáng Lìli Wǒ yě bù qīngchu. Zánmen qù wènwen Jǐngmín ba.

새로 나온 단어

头发	tóufa	머리카락
长	cháng	길다
剪	jiǎn	자르다
短	duǎn	짧다
其实	qíshí	사실은
发型	fàxíng	머리 모양, 헤어 스타일
美发店	měifàdiàn	미용실
清楚	qīngchu	분명하다, 뚜렷하다

118

2 헤어 스타일은 잘못 건드리면 다시 손보기도 어렵기에 리리와 장밍은 경민에게 괜찮은 미용실을 소개받고 싶어한다.

| 王莉莉
Wáng Lìli | 景民，我们想去剪发。
Jǐngmín, wǒmen xiǎng qù jiǎn fà. |

| 金景民
Jīn Jǐngmín | 你们两个人头发都不长，剪什么头发呀！
Nǐmen liǎng ge rén tóufa dōu bù cháng, jiǎn shénme tóufa ya! |

| 王莉莉
Wáng Lìli | 你帮我们介绍一家美发店吧。
Nǐ bāng wǒmen jièshào yì jiā měifàdiàn ba. |

| 金景民
Jīn Jǐngmín | 十字路口附近有一家美发店，听说很不错。
Shízì lùkǒu fùjìn yǒu yì jiā měifàdiàn, tīng shuō hěn búcuò. |

| 王莉莉
Wáng Lìli | 我们不知道是哪一家，你带我们去吧。
Wǒmen bù zhīdao shì nǎ yì jiā, nǐ dài wǒmen qù ba. |

| 金景民
Jīn Jǐngmín | 好。
Hǎo. |

새로 나온 단어

剪发	jiǎn//fà	머리카락을 자르다	听说	tīng//shuō	듣자하니, 들은 바에 의하면
帮	bāng	돕다	不错	búcuò	훌륭하다, 좋다
*帮助	bāngzhù	돕다	带	dài	인솔하다

⑩ Nǐ de tóufa yìdiǎnr yě bù cháng. 你的头发一点儿也不长。

문형연습 句型练习 jùxíng liànxí 기본문형 익히기

你的头发长什么?
Nǐ de tóufa cháng shénme?

바꿔 봅시다!

这个菜好吃 zhè ge cài hǎochī

这个西瓜甜 zhè ge xīguā tián

她的衣服漂亮 tā de yīfu piàoliang

你的头发一点儿也不长。
Nǐ de tóufa yìdiǎnr yě bù cháng.

바꿔 봅시다!   **바꿔 봅시다!**

这个菜 zhè ge cài   好吃 hǎochī

这个西瓜 zhè ge xīguā   甜 tián

她的衣服 tā de yīfu   漂亮 piàoliang

단어

衣服 yīfu 옷

你帮我介绍一家美发店吧。
Nǐ bāng wǒ jièshào yì jiā měifàdiàn ba.

바꿔 봅시다!

去邮局买一张邮票 qù yóujú mǎi yì zhāng yóupiào

去超市买一斤猪肉 qù chāoshì mǎi yì jīn zhūròu

带我弟弟去医院 dài wǒ dìdi qù yīyuàn

听说那家饭馆儿很不错。
Tīng shuō nà jiā fànguǎnr hěn búcuò.

바꿔 봅시다!

学校里有一个银行 xuéxiào li yǒu yí ge yínháng

他有女朋友了 tā yǒu nǚpéngyou le

他女朋友很漂亮 tā nǚpéngyou hěn piàoliang

단어
张 zhāng 종이 등과 같이 평평한 면을 가진 물건을 세는 양사. 장

연습문제 练习 liànxí

听 tīng 듣기

1. 남녀의 대화를 듣고 일치하는 그림을 찾으시오.

A    B    C

D    E

(1)    (2)    (3)

(4)   (5)

단어 饿 è 배고프다

2. 남녀의 대화 내용에 근거하여 정답을 찾으시오.

(1) A: 公共汽车　　　B: 地铁　　　C: 汽车

(2) A: 不好看　　　B: 很好看　　　C: 太长了

(3) A: 前天　　　B: 昨天　　　C: 今天

(4) A: 小李没有中国朋友　　　B: 有一个　　　C: 有两个

(5) A: 本子　　　B: 雨伞　　　C: 书

단어 公共汽车 gōnggòng qìchē 버스   地铁 dìtiě 지하철   汽车 qìchē 자동차
觉得 juéde ……라고 여기다, ……라고 생각하다   本 běn 책을 세는 양사. 권

阅读 yuèdú 읽기

1. 보기에서 적당한 단어를 골라 빈칸을 채우시오.

   보기 什么 shénme 听说 tīng shuō 带 dài 也 yě 帮 bāng

   (1) 现在只走了二十分钟，累(　　)。 Xiànzài zhǐ zǒu le èrshí fēnzhōng, lèi (　　).
   (2) 你的头发一点儿(　　)不长。 Nǐ de tóufa yìdiǎnr (　　) bù cháng.
   (3) 请你(　　)我买一张邮票吧。 Qǐng nǐ (　　) wǒ mǎi yì zhāng yóupiào ba.
   (4) (　　)那家饭馆儿的菜很不错。 (　　) nà jiā fànguǎnr de cài hěn búcuò.
   (5) 明天我要(　　)女儿去医院。 Míngtiān wǒ yào (　　) nǚ'ér qù yīyuàn.

   > 단어
   > 张 zhāng 종이 등과 같이 평평한 면을 가진 물건을 세는 양사. 장

2. 지문을 보고 옳고 그름을 판단하시오.

   (1) 我每天都坐地铁来学校。可是今天不是坐地铁来的。
       Wǒ měitiān dōu zuò dìtiě lái xuéxiào. Kěshì jīntiān bú shì zuò dìtiě lái de.

       ★ 我今天没去学校。 Wǒ jīntiān méi qù xuéxiào. (　　)

   (2) 听说十字路口附近有一家美发店，很不错。我打算下个月去那家剪发。
       Tīng shuō shízì lùkǒu fùjìn yǒu yì jiā měifàdiàn, hěn búcuò. Wǒ dǎsuan xià ge yuè qù nà jiā jiǎn fà.

       ★ 我下个星期要去剪发。 Wǒ xià ge xīngqī yào qù jiǎn fà. (　　)

   (3) 小张前天去超市帮我们买了很多东西。这些猪肉也是她帮我们买的。
       Xiǎo Zhāng qiántiān qù chāoshì bāng wǒmen mǎi le hěn duō dōngxi. Zhè xiē zhūròu yě shì tā bāng wǒmen mǎi de.

       ★ 现在家里有猪肉。 Xiànzài jiā li yǒu zhūròu. (　　)

   (4) 我女儿肚子有点儿不舒服，明天我想带她去医院看看。
       Wǒ nǚ'ér dùzi yǒudiǎnr bù shūfu, míngtiān wǒ xiǎng dài tā qù yīyuàn kànkan.

       ★ 我女儿的肚子不疼了。 Wǒ nǚ'ér de dùzi bù téng le. (　　)

   > 단어
   > 地铁 dìtiě 지하철 肚子 dùzi (인체의) 배

🔟 Nǐ de tóufa yìdiǎnr yě bù cháng. 你的头发一点儿也不长。

说 shuō 말하기

물음에 답하시오.

(1) 你喜欢长发还是短发？Nǐ xǐhuan chángfà háishi duǎnfà?

(2) 你最近什么时候去过美发店？Nǐ zuìjìn shénme shíhou qù guo měifàdiàn?

(3) 你一年去几次美发店？Nǐ yì nián qù jǐ cì měifàdiàn?

(4) 你现在想换发型吗？Nǐ xiànzài xiǎng huàn fàxíng ma?

(5) 请你介绍一下你们学校。Qǐng nǐ jièshào yíxià nǐmen xuéxiào.

长发 chángfà 장발   短发 duǎnfà 단발   年 nián 년, 해

写 xiě 쓰기

다음을 중국어로 작문하시오.

(1) 듣기로 저 식당의 요리는 맛있다고 합니다.
_____

(2) 당신의 머리카락이 길기는 뭐가 깁니까? 조금도 길지 않습니다.
_____

(3) 저 옷이 예쁘기는 뭐가 예쁩니까? 조금도 예쁘지 않습니다.
_____

(4) 제가 당신들을 데리고 가겠습니다.
_____

(5) 사실 저도 헤어 스타일을 무척 바꾸고 싶습니다.
_____

件 jiàn 옷을 세는 양사, 벌   衣服 yīfu 옷

第十一课

足球比赛快要开始了。
Zúqiú bǐsài kuàiyào kāishǐ le.

학습목표

가능보어의 용법(1)
'동사/형용사 + 得[de]/不[bu] + 了[liǎo]'

미래 표현
'快要[kuàiyào]……了[le]'와 '就要[jiùyào]……了[le]'의 용법

단어 生词 shēngcí

☐☐ 01	比赛	bǐsài	명 시합 ; 동 시합하다
☐☐ 02	开始	kāishǐ	동 시작하다
☐☐ 03	还	hái	부 아직
☐☐ 04	小吃	xiǎochī	명 군것질거리, 간식, 스낵
☐☐ 05	少不了	shǎo bu liǎo	빼놓을 수 없다
☐☐ 06	辣炒年糕	làchǎo niángāo	명 떡볶이

*辣 là 형 맵다   *炒 chǎo 동 볶다

*年糕 niángāo 명 떡

☐☐ 07	韩式米肠	Hánshì mǐcháng	명 순대
☐☐ 08	炸鸡	zhájī	명 프라이드치킨
☐☐ 09	快要……了	kuàiyào……le	곧 ……할 것이다
☐☐ 10	加油	jiā//yóu	힘을 내다, 격려하다
☐☐ 11	队	duì	명 팀
☐☐ 12	棒	bàng	형 대단하다, 굉장하다
☐☐ 13	又	yòu	부 또
☐☐ 14	进	jìn	동 들어가다
☐☐ 15	球	qiú	명 공, 골
☐☐ 16	就要……了	jiùyào……le	곧 ……할 것이다
☐☐ 17	结束	jiéshù	동 끝나다, 마치다
☐☐ 18	比	bǐ	동 (시합의 득점이) …… 대 ……이다
☐☐ 19	赢	yíng	동 이기다
☐☐ 20	精彩	jīngcǎi	형 뛰어나다, 훌륭하다
☐☐ 21	有意思	yǒuyìsi	형 재미있다
☐☐ 22	日本	Rìběn	고유명사 일본

怎么写？ zěnme xiě?

| 획순 | 赛 赛 赛 赛 赛 赛 赛 赛 赛 赛 赛 赛 赛 赛 | 총14획 |

赛	赛	赛	赛							
sài										

| 획순 | 辣 辣 辣 辣 辣 辣 辣 辣 辣 辣 辣 辣 辣 辣 | 총14획 |

辣	辣	辣	辣							
là										

| 획순 | 肠 肠 肠 肠 肠 肠 肠 | 총7획 |

肠	肠	肠	肠							
cháng										

| 획순 | 鸡 鸡 鸡 鸡 鸡 鸡 鸡 | 총7획 |

鸡	鸡	鸡	鸡							
jī										

| 획순 | 赢 赢 赢 赢 赢 赢 赢 赢 赢 赢 赢 赢 赢 赢 赢 赢 赢 | 총17획 |

赢	赢	赢	赢							
yíng										

| 획순 | 彩 彩 彩 彩 彩 彩 彩 彩 彩 彩 彩 | 총11획 |

彩	彩	彩	彩							
cǎi										

⓫ Zúqiú bǐsài kuàiyào kāishǐ le. 足球比赛快要开始了。

문법 语法 yǔfǎ

1 가능보어의 용법(1)

'동사 + 得[de]/不[bu] + 보어'의 형태로 '······할 수 있다/······할 수 없다'는 뜻을 나타내는 것이 가능보어인데, 그 중에서도 '了[liǎo]'는 두 가지 유형으로 결합한다.

㉮ '동사 + 得[de]/不[bu] + 了[liǎo]': 동사의 동작을 양적으로 '마칠 수 있다(없다)'는 뜻을 나타낸다.

- 菜太多，我吃不了。Cài tài duō, wǒ chī bu liǎo.
- 我喝不了这些咖啡。Wǒ hē bu liǎo zhè xiē kāfēi.
- 你喝得了这么多酒吗？Nǐ hē de liǎo zhème duō jiǔ ma?

* 酒 [jiǔ] 술

㉯ '형용사(동사) + 不[bu]/得[de] + 了[liǎo]': 주로 바람직하지 않은 결과를 초래하는 형용사(간혹 동사)의 뒤에서 그러한 상황이 발생할 수가 없음을 나타낸다. 그렇기 때문에 '형용사 + 不了[bu liǎo]'의 형태로 쓰이는 것이 대부분이다.

- 篮球比赛少不了他。Lánqiú bǐsài shǎo bu liǎo tā.
- 太容易了，他错不了。Tài róngyì le, tā cuò bu liǎo.

* 错 [cuò] 틀리다

2 미래 표현

시간 부사 '快[kuài]'와 '就[jiù]'는 '要[yào]'와 결합하여 가까운 미래를 나타내는데, 문장의 끝에는 대부분 어기조사 '了[le]'를 동반한다.

㉮ '快要[kuàiyào]······了[le]'의 용법

행위의 발생 시각이 바로 앞에 다가왔음을 나타낸다.

- 春天快要到了。Chūntiān kuàiyào dào le.
- 我的大学生活快要结束了。Wǒ de dàxué shēnghuó kuàiyào jiéshù le.

* 春天 [chūntiān] 봄   大学 [dàxué] 대학교   生活 [shēnghuó] 생활

4 '就要[jiùyào]……了[le]'의 용법

'快要[kuàiyào]……了[le]'보다 좀 더 시간적으로 긴박한 상태를 나타낸다.

- 火车就要开了。Huǒchē jiùyào kāi le.
- 我下个月就要毕业了。Wǒ xià ge yuè jiùyào bì yè le.

* 火车 [huǒchē] 기차

5 '快要[kuàiyào]……了[le]'와 '就要[jiùyào]……了[le]'의 차이점

'就[jiù]'의 앞에는 시간을 나타내는 성분이 올 수 있지만, '快[kuài]'의 앞에는 올 수 없다.

- 我下个月就要毕业了。Wǒ xià ge yuè jiùyào bì yè le. (O)

  我下个月快要毕业了。Wǒ xià ge yuè kuàiyào bì yè le. (X)

⓫ Zúqiú bǐsài kuàiyào kāishǐ le. 足球比赛快要开始了。

본문 课文 kèwén

1 경민, 리리, 장밍 세 사람은 함께 한일국가대표 축구 시합을 보기 위해 텔레비전 앞에 모였다.

金景民 足球比赛开始了吗?
Jīn Jǐngmín Zúqiú bǐsài kāishǐ le ma?

王莉莉 还没有呢。你怎么买了这么多小吃呢?
Wáng Lìli Hái méiyǒu ne. Nǐ zěnme mǎi le zhème duō xiǎochī ne?

金景民 韩国人看比赛,少不了小吃。
Jīn Jǐngmín Hánguórén kàn bǐsài, shǎo bu liǎo xiǎochī.

张 明 我最爱吃辣炒年糕。谢谢景民。
Zhāng Míng Wǒ zuì ài chī làchǎo niángāo. Xièxie Jǐngmín.

王莉莉 哇,这儿还有韩式米肠和炸鸡呢。
Wáng Lìli Wā, zhèr hái yǒu Hánshì mǐcháng hé zhájī ne.

金景民 比赛快要开始了,你们都快来坐吧。
Jīn Jǐngmín Bǐsài kuàiyào kāishǐ le, nǐmen dōu kuài lái zuò ba.

새로 나온 단어

比赛	bǐsài	시합 ; 시합하다	*辣	là	맵다
开始	kāishǐ	시작하다	*炒	chǎo	볶다
还	hái	아직	*年糕	niángāo	떡
小吃	xiǎochī	군것질거리, 간식, 스낵	韩式米肠	Hánshì mǐcháng	순대
少不了	shǎo bu liǎo	빼놓을 수 없다	炸鸡	zhájī	프라이드치킨
辣炒年糕	làchǎo niángāo	떡볶이	快要……了	kuàiyào……le	곧 ……할 것이다

2 세 사람은 축구 시합의 열기에 시간이 가는 줄도 모르고 응원에 열중이다.

张 明　加油！加油！韩国队加油！
Zhāng Míng　Jiāyóu! Jiāyóu! Hánguóduì jiāyóu!

王莉莉　太棒了。韩国队又进了一球。
Wáng Lìli　Tài bàng le. Hánguóduì yòu jìn le yì qiú.

金景民　还有三分钟就要结束了。
Jīn Jǐngmín　Hái yǒu sān fēnzhōng jiùyào jiéshù le.

张 明　二比一，韩国队赢了。
Zhāng Míng　Èr bǐ yī, Hánguóduì yíng le.

王莉莉　今天韩国队和日本队的足球比赛真精彩！
Wáng Lìli　Jīntiān Hánguóduì hé Rìběnduì de zúqiú bǐsài zhēn jīngcǎi!

金景民　对，今天的比赛太有意思了。
Jīn Jǐngmín　Duì, jīntiān de bǐsài tài yǒuyìsi le.

새로 나온 단어

加油	jiā//yóu	힘을 내다, 격려하다
队	duì	팀
棒	bàng	대단하다, 굉장하다
又	yòu	또
进	jìn	들어가다
球	qiú	공, 골
就要……了	jiùyào……le	곧 ……할 것이다
结束	jiéshù	끝나다, 마치다
比	bǐ	(시합의 득점이) …… 대 ……이다
赢	yíng	이기다
精彩	jīngcǎi	뛰어나다, 훌륭하다
有意思	yǒuyìsi	재미있다
日本	Rìběn	일본

⓫ Zúqiú bǐsài kuàiyào kāishǐ le. 足球比赛快要开始了。

문형연습 句型练习 jùxíng liànxí　　기본문형 익히기

比赛快要开始了。
Bǐsài kuàiyào kāishǐ le.

▷ 바꿔 봅시다!　　　▷ 바꿔 봅시다!

冬天 dōngtiān　　　到 dào
我们 wǒmen　　　上课 shàng//kè
孩子 háizi　　　睡觉 shuì//jiào

比赛还有三分钟就要结束了。
Bǐsài hái yǒu sān fēnzhōng jiùyào jiéshù le.

▷ 바꿔 봅시다!　　　▷ 바꿔 봅시다!

我们还有五分钟 wǒmen hái yǒu wǔ fēnzhōng　　　上课 shàng//kè
电影马上 diànyǐng mǎshang　　　开始 kāishǐ
爸爸的生日明天 bàba de shēngrì míngtiān　　　到 dào

단어　冬天 dōngtiān 겨울 | 上课 shàng//kè 수업하다 | 孩子 háizi 아이, 어린이 | 马上 mǎshang 곧, 즉시

比赛还没开始呢。
Bǐsài hái méi kāishǐ ne.

바꿔 봅시다!

我弟弟 wǒ dìdi
我姐姐 wǒ jiějie
我同屋 wǒ tóngwū

바꿔 봅시다!

起床 qǐ//chuáng
吃饭 chī//fàn
去学校 qù xuéxiào

你们都快来坐吧。
Nǐmen dōu kuài lái zuò ba.

바꿔 봅시다!

吃 chī
睡觉 shuì//jiào
起床 qǐ//chuáng

⓫ Zúqiú bǐsài kuàiyào kāishǐ le. 足球比赛快要开始了。

연습문제 练习 liànxí

听 tīng 듣기

1. 남녀의 대화를 듣고 일치하는 그림을 찾으시오.

A    B    C

D    E

(1)    (2)    (3)

(4)   (5)

2. 남녀의 대화 내용에 근거하여 정답을 찾으시오.

(1) A: 足球比赛　　　B: 游泳比赛　　　C: 篮球比赛

(2) A: 猪排骨　　　　B: 韩式米肠　　　C: 辣炒年糕

(3) A: 银行　　　　　B: 邮局　　　　　C: 看比赛

(4) A: 名字　　　　　B: 电话号码　　　C: 手机号码

(5) A: 六点　　　　　B: 六点三十分　　C: 六点三刻

阅读 yuèdú 읽기

1. 보기에서 적당한 단어를 골라 빈칸을 채우시오.

보기	就要 jiùyào 都 dōu 还 hái 怎么 zěnme 比 bǐ

   (1) 比赛(　　)没开始呢。　　　　Bǐsài (　　) méi kāishǐ ne.

   (2) 还有五分钟比赛(　　)结束了。　Hái yǒu wǔ fēnzhōng bǐsài (　　) jiéshù le.

   (3) 一(　　)零，韩国队赢了。　　Yī (　　) líng, Hánguóduì yíng le.

   (4) 你(　　)买了这么多小吃？　　Nǐ (　　) mǎi le zhème duō xiǎochī?

   (5) 这些菜(　　)是我妈妈做的。　Zhè xiē cài (　　) shì wǒ māma zuò de.

2. 지문을 보고 옳고 그름을 판단하시오.

   (1) 我每天早上九点上课，下午四点下课，没有去看电影的时间。
   Wǒ měitiān zǎoshang jiǔ diǎn shàng kè, xiàwǔ sì diǎn xià kè, méiyǒu qù kàn diànyǐng de shíjiān.

   　★ 我学习很忙。Wǒ xuéxí hěn máng. (　　)

   (2) 我常帮朋友们去超市买东西。
   Wǒ cháng bāng péngyoumen qù chāoshì mǎi dōngxi.

   　★ 我喜欢帮别人。Wǒ xǐhuan bāng biérén. (　　)

   (3) 听说中国有很多小吃。我的朋友们都吃过，我还没吃过。
   Tīng shuō Zhōngguó yǒu hěn duō xiǎochī. Wǒ de péngyoumen dōu chī guo, wǒ hái méi chī guo.

   　★ 我很爱吃中国的小吃。Wǒ hěn ài chī Zhōngguó de xiǎochī. (　　)

   (4) 韩国人和中国人都很喜欢足球。今天晚上我要回家看足球比赛。
   Hánguórén hé Zhōngguórén dōu hěn xǐhuan zúqiú. Jīntiān wǎnshang wǒ yào huí jiā kàn zúqiú bǐsài.

   　★ 今天有足球比赛。Jīntiān yǒu zúqiú bǐsài. (　　)

   > **단어**
   > 上课 shàng//kè 수업하다　下课 xià//kè 수업을 마치다
   > 别人 biérén 다른 사람

   ⑪ Zúqiú bǐsài kuàiyào kāishǐ le. 足球比赛快要开始了。

说 shuō 말하기

물음에 답하시오.

(1) 你喜欢看足球比赛吗? Nǐ xǐhuan kàn zúqiú bǐsài ma?

(2) 你喜欢看篮球比赛吗? Nǐ xǐhuan kàn lánqiú bǐsài ma?

(3) 你喜欢看游泳比赛吗? Nǐ xǐhuan kàn yóu yǒng bǐsài ma?

(4) 你吃过中国的小吃吗? Nǐ chī guo Zhōngguó de xiǎochī ma?

(5) 你最想给中国朋友介绍的小吃是什么?
Nǐ zuì xiǎng gěi Zhōngguó péngyou jièshào de xiǎochī shì shénme?

写 xiě 쓰기

다음을 중국어로 작문하시오.

(1) 시합은 아직 시작되지 않았습니다.
___

(2) 한국인은 시합을 볼 때, 간식이 빠질 수 없습니다.
___

(3) 시합이 곧 시작됩니다.
___

(4) 시합은 3분 있으면 곧 끝납니다.
___

(5) 오늘 축구 시합은 정말 훌륭했습니다.
___

第十二课

英语考试考得怎么样？
Yīngyǔ kǎo shì kǎo de zěnmeyàng?

학습목표

조동사 '能[néng]'의 용법(1)
我能用一下你的笔吗? Wǒ néng yòng yíxià nǐ de bǐ ma?

'단음절 형용사 + 명사'의 용법 红笔 hóngbǐ

정도보어의 용법(1) 考得不太好。 Kǎo de bú tài hǎo.

단어 生词 shēngcí

□□01	能	néng	조 ……할 수 있다, ……해도 괜찮다
□□02	用	yòng	동 쓰다, 사용하다
□□03	笔	bǐ	명 펜
□□04	颜色	yánsè	명 색깔
□□05	黑	hēi	형 검은 색(의), 검다
□□06	蓝	lán	형 파란 색(의), 파랗다
□□07	红	hóng	형 빨간 색(의), 빨갛다
□□08	见	jiàn	동 보다, 보이다
□□09	英语	Yīngyǔ	명 영어
□□10	课本	kèběn	명 교과서
□□11	口语	kǒuyǔ	명 구어, 말하기
□□12	考	kǎo	동 (시험을) 치르다
□□13	得	de	조 동사 혹은 형용사의 뒤에 쓰여서 결과보어 혹은 정도보어를 연결하는 역할을 하는 조사
□□14	考题	kǎotí	명 시험 문제
□□15	觉得	juéde	동 ……라고 여기다, ……라고 생각하다
□□16	同学	tóngxué	명 동창, 동급생
□□17	一定	yídìng	부 반드시

怎么写? zěnme xiě?

획순	笔笔笔笔笔笔笔笔笔笔										총10획
笔 bǐ	笔	笔	笔								

획순	颜颜颜颜颜颜颜颜颜颜颜颜颜颜颜										총15획
颜 yán	颜	颜	颜								

획순	黑黑黑黑黑黑黑黑黑黑黑黑										총12획
黑 hēi	黑	黑	黑								

획순	蓝蓝蓝蓝蓝蓝蓝蓝蓝蓝蓝蓝蓝										총13획
蓝 lán	蓝	蓝	蓝								

획순	英英英英英英英英										총8획
英 yīng	英	英	英								

획순	题题题题题题题题题题题题题题题										총15획
题 tí	题	题	题								

⑫ Yīngyǔ kǎo shì kǎo de zěnmeyàng? 英语考试考得怎么样?

문법 语法 yǔfǎ

1 조동사 '能[néng]'의 용법(1)

가 '……할 수 있다'는 능력을 나타낸다.

- 我能解决你的问题。 Wǒ néng jiějué nǐ de wèntí.
- 他们一定能完成任务。 Tāmen yídìng néng wánchéng rènwu.

* 解决 [jiějué] 해결하다　完成 [wánchéng] 완성하다　任务 [rènwu] 임무

나 객관적 혹은 주관적으로 '……해도 괜찮다'는 뜻의 허가를 나타낸다. 주로 의문문과 부정문의 형태로 쓰인다.

- 这儿能抽烟吗？ Zhèr néng chōu yān ma?
- 公园的湖里不能游泳。 Gōngyuán de hú li bù néng yóu yǒng.

* 抽烟 [chōu//yān] 담배를 피우다　公园 [gōngyuán] 공원　湖 [hú] 호수

2 '단음절 형용사 + 명사'의 용법

일반적으로 형용사가 명사를 수식할 때는 둘 사이에 구조조사 '的[de]'를 필요로 하지만, 일부 단음절 형용사는 명사를 수식할 때 구조조사 '的[de]'가 없어도 된다.

가 일반적인 형용사 + 的[de] + 명사

- 很漂亮的女生　hěn piàoliang de nǚshēng

* 女生 [nǚshēng] 여학생

나 단음절 형용사(일부) + 명사

- 新书 xīnshū
- 白纸 báizhǐ

다 단음절 형용사의 앞에 다른 수식성분이 첨가된다면 반드시 '的[de]'를 써야 한다.

- 很新的书　hěn xīn de shū
- 非常白的纸　fēicháng bái de zhǐ

* 白 [bái] 하얀 색(의), 하얗다　纸 [zhǐ] 종이

3 정도보어의 용법(1)

'동사/형용사 + 得[de] + 정도보어'의 형태로 쓰여서 동작이나 상태가 도달한 정도를 나타내는 것을 정도보어라고 한다.

㉮ 목적어가 없는 경우의 정도보어

> **어순**　주어 + 동사/형용사 + 得[de] + 정도보어

我们　　玩儿　　得　　很快乐。
Wǒmen　wánr　　de　　hěn kuàilè.

- 他跑得非常快。 Tā pǎo de fēicháng kuài.

* 玩儿 [wánr] 놀다　　跑 [pǎo] 달리다

㉯ 목적어가 있는 경우의 정도보어: 첫 번째 동사는 종종 생략되기도 한다.

> **어순**　주어 (+동사) + 목적어 + 동사 + 得[de] + 정도보어

她（说）　　汉语　　说　　得　　很好。
Tā (shuō)　Hànyǔ　shuō　de　　hěn hǎo.

- 金老师(睡)觉睡得很晚。 Jīn lǎoshī (shuì) jiào shuì de hěn wǎn.

* 晚 [wǎn] (시간적으로) 늦다

본문 课文 kèwén

1 리리와 경민이 도서관에서 함께 시험 준비에 열중이다.

王莉莉　我能用一下你的笔吗?
Wáng Lìli　Wǒ néng yòng yíxià nǐ de bǐ ma?

金景民　你要什么颜色的? 黑的还是蓝的?
Jīn Jǐngmín　Nǐ yào shénme yánsè de? Hēi de háishi lán de?

王莉莉　红的。我的红笔不见了。
Wáng Lìli　Hóng de. Wǒ de hóngbǐ bú jiàn le.

金景民　好，给你。
Jīn Jǐngmín　Hǎo, gěi nǐ.

王莉莉　你现在看的是什么书?
Wáng Lìli　Nǐ xiànzài kàn de shì shénme shū?

金景民　英语课本。我明天有英语口语考试。
Jīn Jǐngmín　Yīngyǔ kèběn. Wǒ míngtiān yǒu Yīngyǔ kǒuyǔ kǎo shì.

새로 나온 단어

能	néng	……할 수 있다, ……해도 괜찮다	红	hóng	빨간 색(의), 빨갛다
用	yòng	쓰다, 사용하다	见	jiàn	보다, 보이다
笔	bǐ	펜	英语	Yīngyǔ	영어
颜色	yánsè	색깔	课本	kèběn	교과서
黑	hēi	검은 색(의), 검다	口语	kǒuyǔ	구어, 말하기
蓝	lán	파란 색(의), 파랗다			

142

2 영어 시험을 마치고 나온 경민을 만나자 리리가 시험 결과부터 묻는다.

王莉莉　英语考试考得怎么样?
Wáng Lìli　Yīngyǔ kǎo shì kǎo de zěnmeyàng?

金景民　考得不太好。
Jīn Jǐngmín　Kǎo de bú tài hǎo.

王莉莉　考题难吗?
Wáng Lìli　Kǎotí nán ma?

金景民　我觉得很难。
Jīn Jǐngmín　Wǒ juéde hěn nán.

王莉莉　那别的同学也一定会觉得难吧?
Wáng Lìli　Nà biéde tóngxué yě yídìng huì juéde nán ba?

金景民　不，他们都说容易呢。
Jīn Jǐngmín　Bù, tāmen dōu shuō róngyì ne.

Tip '吧(ba)'는 문장의 끝에서 추측의 느낌을 나타내는 조사이다. 추측의 뜻을 나타내는 조동사 '会(huì)'와 같이 쓰이는 경우가 많다.

Tip '呢(ne)'는 문장의 끝에 쓰여서 상대방에게 어떤 사실을 확인시킨다는 뉘앙스로 전달한다.

새로 나온 단어

考	kǎo	(시험을) 치르다	考题	kǎotí	시험 문제
得	de	동사 혹은 형용사의 뒤에 쓰여서 결과보어 혹은 정도보어를 연결하는 역할을 하는 조사	觉得	juéde	……라고 여기다, ……라고 생각하다
			同学	tóngxué	동창, 동급생
			一定	yídìng	반드시

⑫ Yīngyǔ kǎo shì kǎo de zěnmeyàng? 英语考试考得怎么样?

문형연습 句型练习 jùxíng liànxí 기본문형 익히기

我考试考得不好。
Wǒ kǎo shì kǎo de bù hǎo.

바꿔 봅시다!

他说汉语说 tā shuō Hànyǔ shuō
她写汉字写 tā xiě Hànzì xiě
我弟弟跑 wǒ dìdi pǎo

바꿔 봅시다!

很好 hěn hǎo
很快 hěn kuài
很快 hěn kuài

我觉得汉语很有意思。
Wǒ juéde Hànyǔ hěn yǒuyìsi.

바꿔 봅시다!

中国菜很好吃 Zhōngguócài hěn hǎochī
英语考试很容易 Yīngyǔ kǎo//shì hěn róngyì
今天的足球比赛很精彩 jīntiān de zúqiú bǐsài hěn jīngcǎi

단어
汉字 Hànzì 한자 | 跑 pǎo 달리다

我能用汉字写我的名字。
Wǒ néng yòng Hànzì xiě wǒ de míngzi.

바꿔 봅시다!

汉语写信 Hànyǔ xiě xìn

日语发短信 Rìyǔ fā duǎnxìn

英语打电话 Yīngyǔ dǎ diànhuà

这是红笔。
Zhè shì hóngbǐ.

바꿔 봅시다!

这 zhè

他 tā

他们 tāmen

바꿔 봅시다!

好书 hǎoshū

好人 hǎorén

好朋友 hǎo péngyou

단어 汉字 Hànzì 한자 | 日语 Rìyǔ 일본어 | 短信 duǎnxìn 문자 메시지 | 打 dǎ (전화 따위를) 걸다

⑫ Yīngyǔ kǎo shì kǎo de zěnmeyàng? 英语考试考得怎么样?

연습문제 练习 liànxí

听 tīng 듣기

1. 남녀의 대화를 듣고 일치하는 그림을 찾으시오.

A
B
C

D
E

(1)    (2)    (3)

(4)   (5)

2. 남녀의 대화 내용에 근거하여 정답을 찾으시오.

(1) A: 红色　　　　B: 蓝色　　　　C: 黑色

(2) A: 要考试　　　B: 生病了　　　C: 晚上没睡觉

(3) A: 前天　　　　B: 昨天　　　　C: 今天

(4) A: 一个　　　　B: 四个　　　　C: 零个

(5) A: 太短了　　　B: 很漂亮　　　C: 有点儿长

단어
红色 hóngsè 빨간색　蓝色 lánsè 파란색
黑色 hēisè 검은색　本 běn 책을 세는 양사. 권

阅读 yuèdú 읽기

1. 보기에서 적당한 단어를 골라 빈칸을 채우시오.

> 보기　　觉得 juéde　　一定 yídìng　　得 de　　都 dōu　　能 néng

(1) 你说汉语说(　　)很好。　　　　Nǐ shuō Hànyǔ shuō (　　) hěn hǎo.

(2) 我(　　)汉语很有意思。　　　　Wǒ (　　) Hànyǔ hěn yǒuyìsi.

(3) 明天你(　　)和我一起去医院吗？　Míngtiān nǐ (　　) hé wǒ yìqǐ qù yīyuàn ma?

(4) 他也(　　)会觉得很难。　　　　Tā yě (　　) huì juéde hěn nán.

(5) 我的朋友们(　　)说她很漂亮。　Wǒ de péngyoumen (　　) shuō tā hěn piàoliang.

2. 지문을 보고 옳고 그름을 판단하시오.

(1) 听说中国人很喜欢红色。我认识的中国朋友也很喜欢红色。
　　Tīng shuō Zhōngguórén hěn xǐhuan hóngsè. Wǒ rènshi de Zhōngguó péngyou yě hěn xǐhuan hóngsè.

　　★ 我认识的中国朋友不喜欢红色。
　　　Wǒ rènshi de Zhōngguó péngyou bù xǐhuan hóngsè. (　　)

(2) 今天早上考试，我没有带笔。老师给我借了一支笔。
　　Jīntiān zǎoshang kǎo shì, wǒ méiyǒu dài bǐ. Lǎoshī gěi wǒ jiè le yì zhī bǐ.

　　★ 我给老师借了一支笔。Wǒ gěi lǎoshī jiè le yì zhī bǐ. (　　)

(3) 听说王老师有一个女儿，现在五岁了，很可爱。
　　Tīng shuō Wáng lǎoshī yǒu yí ge nǚ'ér, xiànzài wǔ suì le, hěn kě'ài.

　　★ 王老师的女儿今年五岁。Wáng lǎoshī de nǚ'ér jīnnián wǔ suì. (　　)

(4) 平时我常去电影院看电影。我最喜欢看的是韩国电影，我觉得韩国电影很有意思。
　　Píngshí wǒ cháng qù diànyǐngyuàn kàn diànyǐng. Wǒ zuì xǐhuan kàn de shì Hánguó diànyǐng, wǒ juéde Hánguó diànyǐng hěn yǒuyìsi.

　　★ 我不常去电影院。Wǒ bù cháng qù diànyǐngyuàn. (　　)

> **단어**
> 红色 hóngsè 빨간색　　支 zhī 가늘고 기다란 물건을 세는 양사
> 可爱 kě'ài 귀엽다　　电影院 diànyǐngyuàn 영화관

说 shuō 말하기

물음에 답하시오.

(1) 你现在有红笔吗? Nǐ xiànzài yǒu hóngbǐ ma?

(2) 你今天有英语课吗? Nǐ jīntiān yǒu Yīngyǔ kè ma?

(3) 你觉得英语难还是汉语难? Nǐ juéde Yīngyǔ nán háishi Hànyǔ nán?

(4) 你觉得学习汉语有意思吗? Nǐ juéde xuéxí Hànyǔ yǒuyìsi ma?

(5) 你们的汉语老师是哪国人? Nǐmen de Hànyǔ lǎoshī shì nǎguórén?

写 xiě 쓰기

다음을 중국어로 작문하시오.

(1) 그는 한자를 빨리 씁니다. _____

(2) 그녀는 중국어를 빨리 말합니다. _____

(3) 제 남동생은 빨리 달립니다. _____

(4) 저는 중국어가 재미있다고 생각합니다.
_____

(5) 당신이 지금 보는 책은 무슨 책입니까?
_____

단어 汉字 Hànzì 한자   跑 pǎo 달리다

第十三课

校园这几天安安静静的。

Xiàoyuán zhè jǐ tiān ānanjìngjìng de.

학습목표

형용사의 중첩(2) – 쌍음절형용사
校园这几天安安静静的。
Xiàoyuán zhè jǐ tiān ānanjìngjìng de.

강조구문 '连[lián]……都[dōu]/也[yě]'의 용법(1)
我连一门课都没考呢。
Wǒ lián yì mén kè dōu méi kǎo ne.

부사 '终于[zhōngyú]'의 용법
考试终于结束了。Kǎo shì zhōngyú jiéshù le.

단어 生词 shēngcí

- ☐☐ 01 校园　　xiàoyuán　　명　교정, 캠퍼스
- ☐☐ 02 安静　　ānjìng　　형　조용하다
- ☐☐ 03 像　　xiàng　　동　마치 ……와 같다, 닮다
- ☐☐ 04 学生　　xuésheng　　명　학생
- ☐☐ 05 准备　　zhǔnbèi　　동　준비하다
- ☐☐ 06 期末　　qīmò　　명　기말
- ☐☐ 07 图书馆　　túshūguǎn　　명　도서관
- ☐☐ 08 学期　　xuéqī　　명　학기
- ☐☐ 09 选　　xuǎn　　동　선택하다, 고르다
- ☐☐ 10 门　　mén　　양　과목을 세는 양사
- ☐☐ 11 课　　kè　　명　과목
- ☐☐ 12 连……都　　lián……dōu　　(심지어)……조차도
- ☐☐ 13 好好儿　　hǎohāor　　형　잘, 충분히
- ☐☐ 14 终于　　zhōngyú　　부　마침내, 드디어
- ☐☐ 15 开心　　kāixīn　　형　유쾌하다, 즐겁다, 홀가분하다
- ☐☐ 16 假期　　jiàqī　　명　방학 기간, 휴가 기간
- ☐☐ 17 计划　　jìhuà　　명　계획；동　계획하다
- ☐☐ 18 旅游　　lǚyóu　　명　여행；동　여행하다
- ☐☐ 19 自助游　　zìzhùyóu　　명　배낭 여행, 자유 여행

怎么写? zěnme xiě?

획순	园 园 园 园 园 园 园	총7획
园 yuán	园 园 园	

획순	静 静 静 静 静 静 静 静 静 静 静 静 静 静	총14획
静 jìng	静 静 静	

획순	准 准 准 准 准 准 准 准 准 准	총10획
准 zhǔn	准 准 准	

획순	备 备 备 备 备 备 备 备	총8획
备 bèi	备 备 备	

획순	选 选 选 选 选 选 选 选 选	총9획
选 xuǎn	选 选 选	

획순	划 划 划 划 划 划	총6획
划 huà	划 划 划	

⑬ Xiàoyuán zhè jǐ tiān ānanjìngjìng de. 校园这几天安安静静的。 151

문법 语法 yǔfǎ

1 형용사의 중첩(2) – 쌍음절 형용사

가 쌍음절 형용사의 중첩형: AB→AABB

단음절 형용사와 쌍음절 형용사 둘 다 중첩하면, 원래 의미에 좀 더 생생한 느낌이 추가된다는 점은 같다. 중첩된 형태 'AABB'의 두 번째 'A'는 경성처럼 소리나고, 'AB'의 'B'가 경성인 쌍음절 형용사인 경우 중첩된 다음에는 원래 성조가 되살아난다.

- 清楚[qīngchu] → 清清楚楚[qīngqingchǔchǔ]
- 干净[gānjìng] → 干干净净[gānganjìngjìng]
- 高兴[gāoxìng] → 高高兴兴[gāogaoxìngxìng]
- 明白[míngbai] → 明明白白[míngmingbáibái]

* 干净 [gānjìng] 깨끗하다   明白 [míngbai] 명확하다, 분명하다

나 형용사의 중첩형이 명사의 수식어나 문장의 서술어로 쓰이는 경우에는 반드시 뒤에 '的[de]'를 필요로 한다.

- 수식어: 高高兴兴的孩子 gāogaoxìngxìng de háizi
- 서술어: 老师说的话清清楚楚的。Lǎoshī shuō de huà qīngqingchǔchǔ de.

* 孩子 [háizi] 어린이, 아이   话 [huà] 말, 이야기

참고 '단음절 형용사의 중첩'에 대해서는 98쪽 문법5 참조

2 강조구문 '连[lián]……都[dōu]/也[yě]'의 용법(1)

포함되는 사람 혹은 사물 중에서도 가장 극단적인 예를 '连[dōu]' 과 '都[dōu]'의 사이에 들어서 '심지어……조차도……하다'는 뜻의 강조 구문을 만든다. '都[dōu]'를 대신하여 '也[yě]'를 쓰기도 한다.

어순 连[lián] + 명사(구) + 都[dōu]/也[yě]

连　　小孩子　　都　　　　知道。
Lián　xiǎoháizi　dōu　　　zhīdao.

- 连小孩子都知道中国在哪儿。Lián xiǎoháizi dōu zhīdao Zhōngguó zài nǎr.
- 今天我真忙，连喝咖啡的时间都没有。

  Jīntiān wǒ zhēn máng, lián hē kāfēi de shíjiān dōu méiyǒu.
- 这个问题，连你都不知道吗？Zhè ge wèntí, lián nǐ dōu bù zhīdao ma?

* 小孩子 [xiǎoháizi] 아이, 꼬마

3 부사 '终于[zhōngyú]'의 용법

화자의 간절한 바람이나 소망이 결국 이루어지는 경우에 쓰인다. 대부분 끝에 '了[le]'를 동반한다.

> **어순** 终于[zhōngyú] + 동사(구)/형용사 + 了[le]

校园　　终于　　　安静　　了。
Xiàoyuán　zhōngyú　ānjìng　le.

- 等了好久，她终于来了。Děng le hǎojiǔ, tā zhōngyú lái le.
- 我和她终于见面了。Wǒ hé tā zhōngyú jiàn miàn le.

* 好久 [hǎojiǔ] (시간이) 오래다　　见面 [jiàn//miàn] 만나다

본문 课文 kèwén

① 리리와 경민은 기말고사 기간이라 유난히 조용한 캠퍼스를 내려다보고 있다.

王莉莉　校园这几天安安静静的，不像我们学校。
Wáng Lìli　Xiàoyuán zhè jǐ tiān ānanjìngjìng de, bú xiàng wǒmen xuéxiào.

金景民　最近学生们准备期末考试，都去图书馆了。
Jīn Jǐngmín　Zuìjìn xuéshengmen zhǔnbèi qīmò kǎo shì, dōu qù túshūguǎn le.

王莉莉　你这学期选了几门课？
Wáng Lìli　Nǐ zhè xuéqī xuǎn le jǐ mén kè?

金景民　七门课。昨天考了两门。
Jīn Jǐngmín　Qī mén kè. Zuótiān kǎo le liǎng mén.

王莉莉　我连一门课都没考呢。
Wáng Lìli　Wǒ lián yì mén kè dōu méi kǎo ne.

金景民　那你好好儿学习吧。
Jīn Jǐngmín　Nà nǐ hǎohāor xuéxí ba.

Tip
- 期中考试 (qīzhōng kǎo shì) 중간고사
- 期末考试 (qīmò kǎo shì) 기말고사
- 口试 (kǒushì) 구술 시험
- 面试 (miànshì) 면접 시험
- 小测验 (xiǎocèyàn) 퀴즈

새로 나온 단어

校园	xiàoyuán	교정, 캠퍼스
安静	ānjìng	조용하다
像	xiàng	마치 ……와 같다, 닮다
学生	xuésheng	학생
准备	zhǔnbèi	준비하다
期末	qīmò	기말
图书馆	túshūguǎn	도서관
学期	xuéqī	학기
选	xuǎn	선택하다, 고르다
门	mén	과목을 세는 양사
课	kè	과목
连……都	lián……dōu	(심지어)……조차도
好好儿	hǎohāor	잘, 충분히

2 기말고사를 무사히 치르고 이제 방학에 접어든다고 생각하니 두 사람의 마음도 어느새 해방감에 젖어든다.

金景民　考试终于结束了，很开心。
Jīn Jǐngmín　Kǎo shì zhōngyú jiéshù le, hěn kāixīn.

王莉莉　你假期有什么计划？
Wáng Lìli　Nǐ jiàqī yǒu shénme jìhuà?

金景民　这次假期我要去中国旅游。
Jīn Jǐngmín　Zhè cì jiàqī wǒ yào qù Zhōngguó lǚyóu.

王莉莉　你一个人去还是和朋友一起去？
Wáng Lìli　Nǐ yí ge rén qù háishi hé péngyou yìqǐ qù?

金景民　我一个人。打算自助游。
Jīn Jǐngmín　Wǒ yí ge rén. Dǎsuan zìzhùyóu.

王莉莉　你到北京，一定要来找我呀！
Wáng Lìli　Nǐ dào Běijīng, yídìng yào lái zhǎo wǒ ya!

새로 나온 단어

终于	zhōngyú	마침내, 드디어	计划	jìhuà	계획；계획하다
开心	kāixīn	유쾌하다, 즐겁다, 홀가분하다	旅游	lǚyóu	여행；여행하다
假期	jiàqī	방학 기간, 휴가 기간	自助游	zìzhùyóu	배낭 여행, 자유 여행

⑬ Xiàoyuán zhè jǐ tiān ānanjìngjìng de. 校园这几天安安静静的。

문형연습 句型练习 jùxíng liànxí | 기본문형 익히기

校园安安静静的。
Xiàoyuán ānanjìngjìng de.

> 바꿔 봅시다!

孩子们 háizimen	高高兴兴 gāogaoxìngxìng
她的衣服 tā de yīfu	漂漂亮亮 piàopiaoliàngliàng
教室 jiàoshì	干干净净 gānganjìngjìng

我连一门课都没考。
Wǒ lián yì mén kè dōu méi kǎo.

> 바꿔 봅시다!

我 wǒ	一个汉字 yí ge Hànzì	不认识 bú rènshi
她 tā	一句汉语 yí jù Hànyǔ	不会说 bú huì shuō
我家附近 wǒ jiā fùjìn	一个银行 yí ge yínháng	没有 méiyǒu

단어 孩子 háizi 어린이, 아이 | 衣服 yīfu 옷 | 教室 jiàoshì 교실 | 干净 gānjìng 깨끗하다, 청결하다 | 汉字 Hànzì 한자 | 句 jù 문장 혹은 시(詩)의 구절을 세는 양사

考试终于结束了。
Kǎo shì zhōngyú jiéshù le.

바꿔 봅시다!

他 tā
我弟弟 wǒ dìdi
她姐姐 tā jiějie

바꿔 봅시다!

来 lái
去中国旅游 qù Zhōngguó lǚyóu
结婚 jié//hūn

你一定要来找我。
Nǐ yídìng yào lái zhǎo wǒ.

바꿔 봅시다!

吃早饭 chī zǎofàn
给妈妈写信 gěi māma xiě xìn
好好儿学习汉语 hǎohāor xuéxí Hànyǔ

단어

结婚 jié//hūn 결혼하다

⑬ Xiàoyuán zhè jǐ tiān ānanjìngjìng de. 校园这几天安安静静的。

연습문제 练习 liànxí

听 tīng 듣기

1. 남녀의 대화를 듣고 일치하는 그림을 찾으시오.

A  B  C

D  E

(1)    (2)    (3)

(4)   (5)

단어 请问 qǐngwèn 잠깐 여쭙겠습니다, 실례합니다   晚饭 wǎnfàn 저녁밥, 저녁 식사

2. 남녀의 대화 내용에 근거하여 정답을 찾으시오.

(1) A: 今年八月　　B: 明年　　C: 不知道

(2) A: 去学习　　B: 快要考试了　　C: 借书

(3) A: 十五节　　B: 十节　　C: 五节

(4) A: 四五年前　　B: 五六年前　　C: 没学过

(5) A: 她一个人　　B: 大学同学　　C: 家人

단어 明年 míngnián 내년   大学 dàxué 대학교

阅读 yuèdú 읽기

1. 보기에서 적당한 단어를 골라 빈칸을 채우시오.

> 보기   终于 zhōngyú   像 xiàng   一定 yídìng   的 de   门 mén

(1) 孩子们都去学校了，家里安安静静(　　　)。
　　Háizimen dōu qù xuéxiào le, jiā li ānanjìngjìng (　　　).

(2) 她很(　　　)她妈妈。　　　　Tā hěn (　　　) tā māma.

(3) 我这个学期选了六(　　　)课，一个星期要上十八节课。
　　Wǒ zhè ge xuéqī xuǎn le liù (　　　) kè, yí ge xīngqī yào shàng shíbā jié kè.

(4) 期末考试(　　　)结束了。　　Qīmò kǎo shì (　　　) jiéshù le.

(5) 我假期(　　　)要去看爷爷奶奶。　Wǒ jiàqī (　　　) yào qù kàn yéye nǎinai.

> 단어
> 孩子 háizi 어린이, 아이   上课 shàng//kè 수업하다

2. 지문을 보고 옳고 그름을 판단하시오.

(1) 小张正在准备期末考试。他每天晚上都复习功课，凌晨两点睡觉，早上六点起床，一天只睡四个小时。
Xiǎo Zhāng zhèngzài zhǔnbèi qīmò kǎo shì. Tā měitiān wǎnshang dōu fùxí gōngkè, língchén liǎng diǎn shuì jiào, zǎoshang liù diǎn qǐ chuáng, yì tiān zhǐ shuì sì ge xiǎoshí.

★ 小张是一个好学生。 Xiǎo Zhāng shì yí ge hǎo xuésheng. (　　　)

(2) 明天有考试，我从昨天开始连一个小时都没睡，现在很想睡觉。
Míngtiān yǒu kǎo shì, wǒ cóng zuótiān kāishǐ lián yí ge xiǎoshí dōu méi shuì, xiànzài hěn xiǎng shuì jiào.

★ 现在考试已经结束了。 Xiànzài kǎo shì yǐjing jiéshù le. (　　　)

(3) 我喜欢一个人去旅游。今年暑假也打算一个人去北京旅游。
Wǒ xǐhuan yí ge rén qù lǚyóu. Jīnnián shǔjià yě dǎsuan yí ge rén qù Běijīng lǚyóu.

★ 暑假我要去中国。 Shǔjià wǒ yào qù Zhōngguó. (　　　)

(4) 暑假快要到了。假期我打算每天去学校图书馆学习汉语。
Shǔjià kuàiyào dào le. Jiàqī wǒ dǎsuan měitiān qù xuéxiào túshūguǎn xuéxí Hànyǔ.

★ 假期我不常去学校。 Jiàqī wǒ bù cháng qù xuéxiào. (　　　)

⓭ Xiàoyuán zhè jǐ tiān ānanjìngjìng de. 校园这几天安安静静的。

说 shuō 말하기

물음에 답하시오.

(1) 你们什么时候开始考期末考试? Nǐmen shénme shíhou kāishǐ kǎo qīmò kǎo shì?

(2) 你们学校的校园怎么样? Nǐmen xuéxiào de xiàoyuán zěnmeyàng?

(3) 你这学期选了几门课? Nǐ zhè xuéqī xuǎn le jǐ mén kè?

(4) 你今天有几节课? Nǐ jīntiān yǒu jǐ jié kè?

(5) 你今天打算几点回家? Nǐ jīntiān dǎsuan jǐ diǎn huí jiā?

写 xiě 쓰기

다음을 중국어로 작문하시오.

(1) 저는 한 과목도 (시험)보지 않았습니다.

(2) 저는 이번 학기에 일곱 과목을 선택했습니다.

(3) 시험이 드디어 끝나서, 홀가분합니다.

(4) 저는 혼자서 중국으로 여행갈 예정입니다.

(5) 당신은 반드시 중국에 한 번 가봐야 합니다.

第十四课

후반부 총복습

- 본문복습
- 새로 나온 단어
- 문법 사항 복습

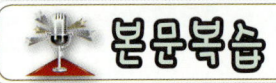

王莉莉给金景民介绍了很多中国的文化。
Wáng Lìli gěi Jīn Jǐngmín jièshào le hěn duō Zhōngguó de wénhuà.

例如，中国的饮食习惯、历史等等。
Lìrú, Zhōngguó de yǐnshí xíguàn, lìshǐ děngděng.

王莉莉觉得金景民已经是一个中国通了。
Wáng Lìli juéde Jīn Jǐngmín yǐjing shì yí ge Zhōngguótōng le.

王莉莉和张明两个人也都是韩国通。
Wáng Lìli hé Zhāng Míng liǎng ge rén yě dōu shì Hánguótōng.

她们喜欢很多韩国演员，也很爱吃韩国的小吃。
Tāmen xǐhuan hěn duō Hánguó yǎnyuán, yě hěn ài chī Hánguó de xiǎochī.

辣炒年糕、韩式米肠等等，都很爱吃。
Làchǎo niángāo, Hánshì mǐcháng děngděng, dōu hěn ài chī.

새로 나온 단어

| 例如 | lìrú | 예를 들다, 예를 들면 | 等等 | děngděng | 기타, 등등 |
| 历史 | lìshǐ | 역사 | 韩国通 | Hánguótōng | 한국통 |

문법 사항 복습

A. 어림수 표시(1)

> 이웃하는 두 개의 숫자를 붙여서 어림수를 표현할 수 있다.
> 两三次[liǎngsān cì]: 두세 번

❶ 저는 일주일에 농구를 두세 번 합니다. ⇨

❷ 저는 한 달에 영화를 한두 번 봅니다. ⇨

❸ 저는 하루에 손을 세네 번 씻습니다. (手 shǒu: 손 / 洗 xǐ: 씻다)

⇨

❹ 저는 일 년에 중국에 한두 번 갑니다. (年 nián: 년, 해) ⇨

B. 부사 '还[hái]'의 용법(1)

> '게다가', '더', '또'라는 뜻으로 수량이나 범위가 확대됨을 나타내는 부사

❶ 당신은 다른 것도 더 원하십니까? ⇨

❷ 당신은 다른 것도 더 먹을 겁니까? ⇨

❸ 당신은 다른 것도 더 살 겁니까? ⇨

C. 이중목적어(두 개의 목적어)를 가지는 동사 – 给[gěi]

> '给[gěi]', '教[jiāo]', '告诉[gàosu]', '叫[jiào]' 등 일부 동사는 목적어를 두 개 가질 수 있다.
> 어순: 동사 + 간접 목적어(사람) + 직접 목적어(사물)

❶ 나는 그녀에게 선물을 하나 주었습니다. (礼物 lǐwù: 선물)

⇨

❷ 왕선생님은 우리에게 중국어를 가르칩니다. (教 jiāo: 가르치다)

⇨

❸ 나는 선생님에게 질문을 하나 합니다. ⇨

D. 반어문 용법

> 가. '不是[bú shì]······吗[ma]?': 부정반어문. '······이 아닌가요?'(······임이 틀림없다)

❶ 당신은 중국인이 아닙니까? ⇨

❷ 당신은 소띠가 아닙니까? ⇨

❸ 당신의 생일은 8월이 아닙니까? ⇨

> 나. 什么[shénme]: 원래 목적어가 필요 없는 동사 혹은 형용사의 뒤에 쓰여서 반어문을 나타낸다.

❶ 그 옷이 예쁘기는 뭐가 예뻐요! (衣服 yīfu: 옷 / 件 jiàn: 옷을 세는 양사. 벌)

⇨

❷ 그의 머리카락이 길기는 뭐가 길어요! ⇨

❸ 그 미용실이 좋기는 뭐가 좋아요! ⇨

❹ 이 요리가 맛있기는 뭐가 맛있어요! ⇨

❺ 그가 바쁘기는 뭐가 바빠요! ⇨

E. '一点儿[yìdiǎnr] ······也[yě]'의 용법

> '조금도······하지 않다'는 뜻으로 약간의 예외도 없음을 나타내는 강조 구문
> 어순: 一点儿[yìdiǎnr] (+ 명사) + 也[yě]/都[dōu] + 부정사 不[bù]/没[méi] + 형용사/동사

❶ 그의 머리카락은 조금도 길지 않습니다. ⇨

❷ 그는 요즘 조금도 바쁘지 않습니다. ⇨

❸ 사거리 근처의 그 식당의 요리는 조금도 비싸지 않습니다. (贵 guì: 비싸다)

⇨

❹ 그는 조금도 기쁘지 않습니다. ⇨

❺ 미스터 김은 조금도 중국어를 공부하고 싶어하지 않습니다.

⇨

F. 동사 '听说[tīng//shuō]'의 용법(1)

'(듣자하니) ……라고 하더라'라는 뜻으로 '소문'이나 '전문'을 표시하는 동사

❶ 그 식당의 요리는 맛있다고 한다. ⇨

❷ 중국의 남쪽 지방 사람은 단 것을 좋아한다고 한다.
  ⇨

❸ 중국어는 어렵다고 한다. ⇨

❹ 학교 안에 은행이 있다고 하던데, 그런가요? ⇨

❺ 당신이 수영을 좋아한다고 하던데, 맞나요? ⇨

G. 带[dài]

가. 인솔하다
나. 휴대하다, 소지하다

❶ 당신은 우리들을 데리고 가세요. ⇨

❷ 제가 당신들을 데리고 가겠습니다. ⇨

❸ 저는 어제 여동생을 데리고 병원에 갔습니다. ⇨

❹ 당신은 수박을 가지고 오세요. ⇨

❺ 저는 빵을 가지고 가겠습니다. ⇨

❻ 어제 저는 빵을 가지고 학교에 갔습니다. ⇨

H. 미래 표현

'곧……할 것이다'는 뜻의 가까운 미래를 나타내는 표현
快要[kuàiyào]……了[le] / 就要[jiùyào]……了[le]

❶ 시합은 곧 시작됩니다. ⇨

❷ 여름이 다가오고 있습니다. (夏天 xiàtiān: 여름) ⇨

❸ 곧 시험을 봅니다. ⇨

❹ 아빠의 생일이 곧 다가오고 있습니다. ⇨

❺ 3분만 있으면 곧 끝납니다. ⇨

I. 정도보어의 용법(1)

得[de]: '동사 + 得[de] + 정도보어'의 형태로 동작이나 상태가 도달한 정도를 나타낸다.

❶ 그는 시험을 잘 봤습니다. ⇨

❷ 그는 한자를 잘 씁니다. (汉字 Hànzì: 한자) ⇨

❸ 그는 한자를 빨리 씁니다. ⇨

❹ 그는 중국어를 잘 합니다. ⇨

❺ 그는 축구를 잘 합니다. ⇨

❻ 그는 농구를 잘 합니다. ⇨

❼ 그는 수영을 잘 합니다. ⇨

J. 觉得[juéde]

'……라고 생각하다'는 뜻의 동사로 주로 말하는 사람의 주관적인 판단임을 나타낸다.

❶ 저는 중국어가 어렵다고 생각합니다. ⇨

❷ 저는 중국인은 빨간 색을 좋아한다고 생각합니다. (红色 hóngsè: 빨간 색)

⇨

❸ 저는 그녀가 예쁘다고 생각합니다. ⇨

❹ 저는 중국 요리는 맛있다고 생각합니다. ⇨

❺ 저는 이 약은 좀 비싸다고 생각합니다. (贵 guì: 비싸다)

⇨

K. 강조구문 '连[lián]……都[dōu]/也[yě]'의 용법(1)

> 포함되는 사람 혹은 사물 중에서도 가장 극단적인 예를 '连[lián]' 과 '都[dōu]'의 사이에 들어서 '심지어……조차도……하다'는 뜻의 강조 구문을 만든다.
> 어순: 连[lián] + 명사(구) + 都[dōu]/也[yě]

❶ 저는 한 과목도 시험을 보지 않았습니다. ⇨ [　　　　　]

❷ 우리 집 근처에는 은행이 하나도 없습니다. ⇨ [　　　　　]

❸ 교실 안에는 한 사람도 없습니다. (教室 jiàoshì: 교실) ⇨ [　　　　　]

❹ 이 근처에는 식당이 하나도 없습니다. ⇨ [　　　　　]

❺ 저는 중국어 책이 한 권도 없습니다. (本 běn: 책을 세는 양사. 권)

⇨ [　　　　　]

❻ 그의 이름은 어린아이조차도 압니다. (小孩子 xiǎoháizi: 아이, 꼬마)

⇨ [　　　　　]

듣기원문 및 연습문제 정답

제1과

듣기 원문

1. (1) 남: 现在几点了? Xiànzài jǐ diǎn le?
    여: 五点三刻。Wǔ diǎn sān ke.
   (2) 여: 你在做什么呢? Nǐ zài zuò shénme ne?
    남: 复习功课呢。Fùxí gōngkè ne.
   (3) 남: 你每天睡几个小时?
    Nǐ měitiān shuì jǐ ge xiǎoshí?
    여: 七个小时。Qī ge xiǎoshí.
   (4) 여: 明明在做什么呢?
    Míngmíng zài zuò shénme ne?
    남: 他在睡觉呢。Tā zài shuì jiào ne.
   (5) 남: 今天太忙了。Jīntiān tài máng le.
    여: 对，我们休息一会儿吧。
    Duì, wǒmen xiūxi yíhuìr ba.

2. (1) 남: 今天晚上我们去饭馆儿吃吧。
    Jīntiān wǎnshang wǒmen qù fànguǎnr chī ba.
    여: 你不喜欢在家吃饭吗?
    Nǐ bù xǐhuan zài jiā chī fàn ma?
    문: 女的是什么意思? Nǚ de shì shénme yìsi?
   (2) 여: 起床吧。已经差五分八点了！
    Qǐ chuáng ba. Yǐjing chà wǔ fēn bā diǎn le!
    남: 妈妈，今天是星期天。
    Māma, jīntiān shì xīngqītiān.
    문: 男的是什么意思?
    Nán de shì shénme yìsi?
   (3) 남: 我昨天很忙，没有复习功课。你复习了吗?
    Wǒ zuótiān hěn máng, méiyǒu fùxí gōngkè. Nǐ fùxí le ma?
    여: 是啊。我每天都复习一个小时。
    Shì a. Wǒ měitiān dōu fùxí yí ge xiǎoshí.
    문: 女的昨天复习了几个小时?
    Nǚ de zuótiān fùxí le jǐ ge xiǎoshí?
   (4) 여: 小王在哪儿? Xiǎo Wáng zài nǎr?
    남: 他去医院了。我们等一会儿吧。
    Tā qù yīyuàn le. Wǒmen děng yíhuìr ba.

    문: 小王现在可能在哪儿?
    Xiǎo Wáng xiànzài kěnéng zài nǎr?
   (5) 남: 你妹妹今年多大了?
    Nǐ mèimei jīnnián duō dà le?
    여: 她十五了。Tā shíwǔ le.
    문: 女的的妹妹今年多大?
    Nǚ de de mèimei jīnnián duō dà?

연습문제 정답

[듣기 听 tīng]

1. (1) B (2) C (3) D (4) E (5) A
2. (1) B: 女的不想去饭馆儿 (2) A: 不想起床
    (3) C: 一个小时 (4) C: 医院
    (5) C: 十五岁

[읽기 阅读 yuèdú]

1. (1) 你今天是几点起(的)床?
    Nǐ jīntiān shì jǐ diǎn qǐ (de) chuáng?
   (2) 我姐姐今天睡了十(个)小时。
    Wǒ jiějie jīntiān shuì le shí (ge) xiǎoshí.
   (3) 你(怎么)只睡了四个小时?
    Nǐ (zěnme) zhǐ shuì le sì ge xiǎoshí?
   (4) 我弟弟每天(都)复习旧课、预习新课，是一个好学生。
    Wǒ dìdi měitiān (dōu) fùxí jiù kè, yùxí xīn kè, shì yí ge hǎo xuésheng.
   (5) 好，你们休息五分钟(吧)。
    Hǎo, nǐmen xiūxi wǔ fēnzhōng (ba).

2. (1) O (2) X (3) X (4) O

[쓰기 写 xiě]

(1) 现在差五分两点。
  (Xiànzài chà wǔ fēn liǎng diǎn.)
(2) 我每天晚上复习两个小时。
  (Wǒ měitiān wǎnshang fùxí liǎng ge xiǎoshí.)
(3) 我昨天只睡了四个小时。
  (Wǒ zuótiān zhǐ shuì le sì ge xiǎoshí.)
(4) 我们休息三十分钟吧。
  (Wǒmen xiūxi sānshí fēnzhōng ba.)
(5) 你今天早上几点起床的?
  (Nǐ jīntiān zǎoshang jǐ diǎn qǐ chuáng de?) /

你今天早上几点起的床?
(Nǐ jīntiān zǎoshang jǐ diǎn qǐ de chuáng?)

제2과

듣기 원문

1. (1) 남: 你在做什么? Nǐ zài zuò shénme?
   여: 做作业呢。Zuò zuòyè ne.
   (2) 여: 他看什么? Tā kàn shénme?
   남: 在看妈妈给他写的信呢。
   Zài kàn māma gěi tā xiě de xìn ne.
   (3) 남: 那些是什么? Nà xiē shì shénme?
   여: 邮票,是今年的纪念邮票。
   Yóupiào, shì jīnnián de jìniàn yóupiào.
   (4) 여: 房间里有人吗? Fángjiān li yǒu rén ma?
   남: 没有。Méiyǒu.
   (5) 남: 你女儿真漂亮! Nǐ nǚ'ér zhēn piàoliang!
   여: 谢谢。 Xièxie.
2. (1) 남: 校门口右边的那家饭馆儿的菜很好吃。
   Xiàoménkǒu yòubian de nà jiā fànguǎnr de cài hěn hǎochī.
   여: 我没去过。咱们今天一起去吧。
   Wǒ méi qù guo. Zánmen jīntiān yìqǐ qù ba.
   문: 女的今天想去哪儿?
   Nǚ de jīntiān xiǎng qù nǎr?
   (2) 여: 今天医院里人真多!
   Jīntiān yīyuàn li rén zhēn duō!
   남: 我已经等了一个小时了。
   Wǒ yǐjing děng le yí ge xiǎoshí le.
   문: 他们现在可能在哪儿?
   Tāmen xiànzài kěnéng zài nǎr?
   (3) 남: 这些东西是谁给你寄的?
   Zhè xiē dōngxi shì shéi gěi nǐ jì de?
   여: 都是我奶奶和我妈妈给我寄的。
   Dōu shì wǒ nǎinai hé wǒ māma gěi wǒ jì de.
   문: 对话里没有提到的人是谁?
   Duìhuà li méiyǒu tídào de rén shì shéi?

(4) 여: 喂,你好。是邮局吗?
   Wèi, nǐ hǎo. Shì yóujú ma?
   남: 不是。我们这儿是饭馆儿。
   Bú shì. Wǒmen zhèr shì fànguǎnr.
   문: 女的和男的可能在做什么?
   Nǚ de hé nán de kěnéng zài zuò shénme?
(5) 남: 你昨天上午去哪儿了? 我给你打电话,
   你不在。
   Nǐ zuótiān shàngwǔ qù nǎr le? Wǒ gěi
   nǐ dǎ diànhuà, nǐ bú zài.
   여: 我去学校了。Wǒ qù xuéxiào le.
   문: 女的什么时候去的学校?
   Nǚ de shénme shíhou qù de xuéxiào?

연습문제 정답

[듣기 听 tīng]

1. (1) D   (2) A   (3) B   (4) E   (5) C
2. (1) B: 饭馆儿   (2) A: 在医院里   (3) B: 爸爸
   (4) C: 打电话   (5) B: 昨天上午

[읽기 阅读 yuèdú]

1. (1) 邮局(在)校门口右边。
   Yóujú (zài) xiàoménkǒu yòubian.
   (2) 我要寄一(封)信。Wǒ yào jì yì (fēng) xìn.
   (3) 我要给老师(发)一封电子邮件。
   Wǒ yào gěi lǎoshī (fā) yì fēng diànzǐ yóujiàn.
   (4) 你昨天(怎么)没来学校呢?
   Nǐ zuótiān (zěnme) méi lái xuéxiào ne?
   (5) 教学楼(里)有很多人。
   Jiàoxuélóu (li) yǒu hěn duō rén.
2. (1) X   (2) X   (3) O   (4) O

[쓰기 写 xiě]

(1) 我们学校里没有邮局。
   (Wǒmen xuéxiào li méiyǒu yóujú.)
(2) 我给老师发了一封电子邮件。
   (Wǒ gěi lǎoshī fā le yì fēng diànzǐ yóujiàn.)
(3) 我给妈妈寄了一封信。
   (Wǒ gěi māma jì le yì fēng xìn.)
(4) 邮局就在校门口右边的大楼里。
   (Yóujú jiù zài xiàoménkǒu yòubian de dàlóu li.)

(5) 你真是个好女儿。(Nǐ zhēn shì ge hǎo nǚ'ér.)

제3과

듣기 원문

1. (1) 남: 你们学校食堂的饭好吃吗?
   Nǐmen xuéxiào shítáng de fàn hǎochī ma?
   여: 不太好吃。我不常去。
   Bú tài hǎochī. Wǒ bù cháng qù.
   (2) 여: 这只猫叫什么名字?
   Zhè zhī māo jiào shénme míngzi?
   남: 我也不知道。Wǒ yě bù zhīdao.
   (3) 남: 那位新同学是哪国人?
   Nà wèi xīn tóngxué shì nǎguórén?
   여: 他是美国人。Tā shì Měiguórén.
   (4) 여: 银行离这儿远不远?
   Yínháng lí zhèr yuǎn bu yuǎn?
   남: 不远，很近。 Bù yuǎn, hěn jìn.
   (5) 남: 请问，邮局怎么走?
   Qǐngwèn, yóujú zěnme zǒu?
   여: 向前走，到十字路口向左拐就是。
   Xiàng qián zǒu, dào shízì lùkǒu xiàng zuǒ guǎi jiù shì.

2. (1) 남: 请问，这儿附近有没有医院?
   Qǐngwèn, zhèr fùjìn yǒu méiyǒu yīyuàn?
   여: 有哇。就在十字路口的右边。
   Yǒu wa. Jiù zài shízì lùkǒu de yòubian.
   문: 医院在哪儿? Yīyuàn zài nǎr?
   (2) 여: 你今天去哪儿吃晚饭?
   Nǐ jīntiān qù nǎr chī wǎnfàn?
   남: 今天妈妈不在家，打算去食堂吃。
   Jīntiān māma bú zài jiā, dǎsuan qù shítáng chī.
   문: 男的平时可能在哪儿吃晚饭?
   Nán de píngshí kěnéng zài nǎr chī wǎnfàn?
   (3) 남: 请问，教学楼怎么走?
   Qǐngwèn, jiàoxuélóu zěnme zǒu?

여: 前边的大楼就是。
Qiánbian de dàlóu jiù shì.
문: 男的可能在哪儿?
Nán de kěnéng zài nǎr?
(4) 여: 我要去超市买东西，你去吗?
Wǒ yào qù chāoshì mǎi dōngxi, nǐ qù ma?
남: 我不去。我要复习功课。
Wǒ bú qù. Wǒ yào fùxí gōngkè.
문: 男的为什么不去超市?
Nán de wèishénme bú qù chāoshì?
(5) 남: 你爸爸妈妈去过中国和日本吗?
Nǐ bàba māma qù guo Zhōngguó hé Rìběn ma?
여: 我爸爸去过，妈妈没有。
Wǒ bàba qù guo, māma méiyǒu.
문: 谁去过中国? Shéi qù guo Zhōngguó?

연습문제 정답

[듣기 听 tīng]
1. (1) B (2) C (3) E (4) A (5) D
2. (1) A: 十字路口的右边   (2) C: 在家
   (3) A: 学校   (4) B: 要复习功课
   (5) B: 女的的爸爸

[읽기 阅读 yuèdú]
1. (1) 这家饭馆儿的菜（又）便宜（又）好吃。
   zhè jiā fànguǎnr de cài (yòu) piányi (yòu) hǎochī.
   (2) 食堂（离）教学楼很近。
   Shítáng (lí) jiàoxuélóu hěn jìn.
   (3) 请问，银行（怎么）走?
   Qǐngwèn, yínháng (zěnme) zǒu?
   (4) 到十字路口（向）右拐就是银行。
   Dào shízì lùkǒu (xiàng) yòu guǎi jiù shì yínháng.
   (5) 我家前边（就）有一个邮局。
   Wǒ jiā qiánbian (jiù) yǒu yí ge yóujú.
2. (1) O (2) O (3) X (4) X

[쓰기 写 xiě]
(1) 我家离学校不远。(Wǒ jiā lí xuéxiào bù yuǎn.)

(2) 到十字路口向左拐。
　　(Dào shízì lùkǒu xiàng zuǒ guǎi.)
(3) 学校食堂的饭菜又便宜又好吃。
　　(Xuéxiào shítáng de fàncài yòu piányi yòu hǎochī.)
(4) 我现在没有钱了。要去银行换钱。
　　(Wǒ xiànzài méiyǒu qián le. Yào qù yínháng huàn qián.)
(5) 教学楼怎么走？(Jiàoxuélóu zěnme zǒu?)

제4과

듣기 원문

1. (1) 남: 小明在哪儿？ Xiǎomíng zài nǎr?
　　여: 他在宿舍呢。Tā zài sùshè ne.
(2) 여: 你认识在那儿看书的那个人吗？
　　　Nǐ rènshi zài nàr kàn shū de nà ge rén ma?
　　남: 认识。是我的同学，叫金大明。
　　　Rènshi. Shì wǒ de tóngxué, jiào Jīn Dàmíng.
(3) 남: 你昨天看的那个电影，怎么样？
　　　Nǐ zuótiān kàn de nà ge diànyǐng, zěnmeyàng?
　　여: 很好。你也去看看吧。
　　　Hěn hǎo. Nǐ yě qù kànkan ba.
(4) 여: 这些书是你的还是你妹妹的？
　　　Zhè xiē shū shì nǐ de háishi nǐ mèimei de?
　　남: 都是我妹妹的。Dōu shì wǒ mèimei de.
(5) 남: 你喜欢吃中国菜还是韩国菜？
　　　Nǐ xǐhuan chī Zhōngguócài háishi Hánguócài?
　　여: 我喜欢吃中国菜。
　　　Wǒ xǐhuan chī Zhōngguócài.

2. (1) 남: 你今天有课吗？Nǐ jīntiān yǒu kè ma?
　　여: 今天是周五，我上午有两节课，下午没有。
　　　Jīntiān shì zhōuwǔ, wǒ shàngwǔ yǒu liǎng jié kè, xiàwǔ méiyǒu.

　　문: 今天是星期几？Jīntiān shì xīngqījǐ?
(2) 여: 这个周末我想去看电影，你去吗？
　　　Zhè ge zhōumò wǒ xiǎng qù kàn diànyǐng, nǐ qù ma?
　　남: 对不起，我不去。我的作业太多了。
　　　Duìbuqǐ, wǒ bú qù. Wǒ de zuòyè tài duō le.
　　문: 男的为什么不去看电影？
　　　Nán de wèishénme bú qù kàn diànyǐng?
(3) 남: 你回家都做些什么？
　　　Nǐ huí jiā dōu zuò xiē shénme?
　　여: 复习功课或者上网聊天。
　　　Fùxí gōngkè huòzhě shàng wǎng liáo tiān.
　　문: 女的平时回家做什么？
　　　Nǚ de píngshí huí jiā zuò shénme?
(4) 여: 你妈妈做的菜好吃吗？
　　　Nǐ māma zuò de cài hǎochī ma?
　　남: 我喜欢去饭馆儿吃。
　　　Wǒ xǐhuan qù fànguǎnr chī.
　　문: 男的是什么意思？
　　　Nán de shì shénme yìsi?
(5) 남: 你每天坐什么来学校？
　　　Nǐ měitiān zuò shénme lái xuéxiào?
　　여: 坐地铁或者坐公共汽车。
　　　Zuò dìtiě huòzhě zuò gōnggòng qìchē.
　　문: 女的今天可能是坐什么来学校的？
　　　Nǚ de jīntiān kěnéng shì zuò shénme lái xuéxiào de?

연습문제 정답

[듣기 听 tīng]

1. (1) A　(2) D　(3) B　(4) E　(5) C
2. (1) C: 星期五　　(2) A: 要做作业
　(3) B: 复习功课　(4) B: 妈妈做的菜不好吃
　(5) C: 地铁

[읽기 阅读 yuèdú]

1. (1) A: 请问，洗手间（ 在 ）哪儿？
　　　Qǐngwèn, xǐshǒujiān (zài) nǎr?
　　B: 洗手间就（ 在 ）前边。
　　　Xǐshǒujiān jiù (zài) qiánbian.

(2) (从) 你家（ 到 ）超市远不远?
(Cóng) nǐ jiā (dào) chāoshì yuǎn bu yuǎn?

(3) 我周一有六（ 节 ）课。
Wǒ zhōuyī yǒu liù (jié) kè.

(4) 你喜欢看中国电影（ 还是 ）喜欢看美国电影?
Nǐ xǐhuan kàn Zhōngguó diànyǐng (háishi) xǐhuan kàn Měiguó diànyǐng?

(5) 这个星期天我打算在宿舍休息（ 或者 ）看书。
Zhè ge xīngqītiān wǒ dǎsuan zài sùshè xiūxi (huòzhě) kàn shū.

2. (1) X (2) X (3) X (4) O

[쓰기 写 xiě]

(1) 我从周一到周五每天都有课。
(Wǒ cóng zhōuyī dào zhōuwǔ měitiān dōu yǒu kè.) /
我从星期一到星期五每天都有课。
(Wǒ cóng xīngqīyī dào xīngqīwǔ měitiān dōu yǒu kè.)

(2) 你喝咖啡还是喝茶? (Nǐ hē kāfēi háishi hē chá?)

(3) 我周末看书或者上网。
(Wǒ zhōumò kàn shū huòzhě shàng wǎng.)

(4) 我喜欢和朋友们聊天。
(Wǒ xǐhuan hé péngyoumen liáo tiān.)

(5) 成龙是我最喜欢的演员。
(Chéng Lóng shì wǒ zuì xǐhuan de yǎnyuán.)

제5과

듣기 원문

1. (1) 남: 外面下雨,我没带雨伞,你带了吗?
   Wàimiàn xià yǔ, wǒ méi dài yǔsǎn, nǐ dài le ma?
   여: 我也没带。Wǒ yě méi dài.

(2) 여: 喂!请问,王先生在吗?
   Wèi! Qǐngwèn, Wáng xiānsheng zài ma?
   남: 我就是。请问,您是哪位?
   Wǒ jiù shì. Qǐngwèn, nín shì nǎ wèi?

(3) 남: 妈妈呢? Māma ne?
   여: 她正在睡觉呢。Tā zhèngzài shuì jiào ne.

(4) 여: 朋友说这儿附近有易买得,是吗?
   Péngyou shuō zhèr fùjìn yǒu Yìmǎidé, shì ma?
   남: 对,离这儿不远有一个。
   Duì, lí zhèr bù yuǎn yǒu yí ge.

(5) 남: 你看什么? Nǐ kàn shénme?
   여: 天气预报。Tiānqì yùbào.

2. (1) 남: 这是你的雨伞吗?
   Zhè shì nǐ de yǔsǎn ma?
   여: 不是。早上没下雨,我没有带雨伞。那是小李的。
   Bú shì. Zǎoshang méi xià yǔ, wǒ méiyǒu dài yǔsǎn. Nà shì Xiǎo Lǐ de.
   문: 女的为什么没有带雨伞?
   Nǚ de wèishénme méiyǒu dài yǔsǎn?

(2) 여: 怎么了? 你找我有事儿吗?
   Zěnme le? Nǐ zhǎo wǒ yǒu shìr ma?
   남: 我想和你聊天。
   Wǒ xiǎng hé nǐ liáo tiān.
   문: 男的想做什么?
   Nán de xiǎng zuò shénme?

(3) 남: 你前天下午去哪儿了?
   Nǐ qiántiān xiàwǔ qù nǎr le?
   여: 去超市了。那儿正在打折,东西都很便宜。
   Qù chāoshì le. Nàr zhèngzài dǎ zhé, dōngxi dōu hěn piányi.
   문: 女的什么时候去超市的?
   Nǚ de shénme shíhou qù chāoshì de?

(4) 여: 我的书丢了,今天没带书,可以一起看吗?
   Wǒ de shū diū le, jīntiān méi dài shū, kěyǐ yìqǐ kàn ma?
   남: 行。Xíng.
   문: 女的的书在哪儿? Nǚ de de shū zài nǎr?

(5) 남: 你给金先生发电子邮件了吗?
　　　Nǐ gěi Jīn xiānsheng fā diànzǐ yóujiàn le ma?
　　여: 吃了午饭回来就发。
　　　Chī le wǔfàn huí lái jiù fā.
　　问: 女的什么时候发电子邮件?
　　　Nǚ de shénme shíhou fā diànzǐ yóujiàn?

연습문제 정답

[듣기 听 tīng]

1. (1) E　(2) A　(3) D　(4) B　(5) C
2. (1) B: 因为早上没有下雨　(2) C: 聊天
　(3) A: 前天下午　(4) C: 丢了
　(5) C: 吃了午饭以后要发

[읽기 阅读 yuèdú]

1. (1) 妈妈，我吃（ 了 ）饭就做作业。
　　　Māma, wǒ chī (le) fàn jiù zuò zuòyè.
　(2) 我不知道易买得（ 怎么 ）走?
　　　Wǒ bù zhīdao Yìmǎidé (zěnme) zǒu?
　(3) 你的那（ 把 ）雨伞是在哪儿买的?
　　　Nǐ de nà (bǎ) yǔsǎn shì zài nǎr mǎi de?
　(4) 今天天气很阴，可能（ 会 ）下雨。
　　　Jīntiān tiānqì hěn yīn, kěnéng (huì) xià yǔ.
　(5) 外面（ 正在 ）下雨呢。
　　　Wàimiàn (zhèngzài) xià yǔ ne.
2. (1) X　(2) X　(3) X　(4) X

[쓰기 写 xiě]

(1) 我们吃了饭就去。
　（Wǒmen chī le fàn jiù qù.）
(2) 我们吃了饭就去了。
　（Wǒmen chī le fàn jiù qù le.）
(3) 我们买了书就回学校。
　（Wǒmen mǎi le shū jiù huí xuéxiào.）
(4) 我们买了书就回学校了。
　（Wǒmen mǎi le shū jiù huí xuéxiào le.）
(5) 我做了作业就睡觉。
　（Wǒ zuò le zuòyè jiù shuì jiào.）
(6) 昨天我做了作业就睡觉了。
　（Zuótiān wǒ zuò le zuòyè jiù shuì jiào le.）

제6과

듣기 원문

1. (1) 남: 小王去哪儿了? Xiǎo Wáng qù nǎr le?
　　여: 他说眼睛有点儿疼，去眼科了。
　　　Tā shuō yǎnjing yǒudiǎnr téng, qù yǎnkē le.
　(2) 여: 你怎么不吃药呢?
　　　Nǐ zěnme bù chī yào ne?
　　남: 我身体已经好多了。不想吃药。
　　　Wǒ shēntǐ yǐjing hǎo duō le. Bù xiǎng chī yào.
　(3) 남: 爸爸怎么了? Bàba zěnme le?
　　여: 他发烧，正在睡觉呢。
　　　Tā fā shāo, zhèngzài shuì jiào ne.
　(4) 여: 你明天考试吗? Nǐ míngtiān kǎo shì ma?
　　남: 不，我今天考试。Bù, wǒ jīntiān kǎo shì.
　(5) 남: 你哥哥做什么工作?
　　　Nǐ gēge zuò shénme gōngzuò?
　　여: 我哥哥是大夫，在医院工作。
　　　Wǒ gēge shì dàifu, zài yīyuàn gōngzuò.
2. (1) 남: 请问，这儿附近有眼科吗?
　　　Qǐngwèn, zhèr fùjìn yǒu yǎnkē ma?
　　여: 有，就在前边。Yǒu, jiù zài qiánbian.
　　问: 男的要去哪儿? Nán de yào qù nǎr?
　(2) 여: 怎么了? 你哪儿不舒服? 发烧吗?
　　　Zěnme le? Nǐ nǎr bù shūfu? Fā shāo ma?
　　남: 不发烧。但是身体有点儿不舒服。
　　　Bù fā shāo. Dànshì shēntǐ yǒudiǎnr bù shūfu.
　　　今天我要休息，不去学校了。
　　　Jīntiān wǒ yào xiūxi, bú qù xuéxiào le.
　　问: 女的可能是什么人?
　　　Nǚ de kěnéng shì shénme rén?
　(3) 남: 你妈妈身体好点儿了吗?
　　　Nǐ māma shēntǐ hǎo diǎnr le ma?
　　여: 她好多了。大夫说吃了药就会好的。
　　　Tā hǎo duō le. Dàifu shuō chī le yào jiù huì hǎo de .

问: 女的的妈妈怎么了?
Nǚ de de māma zěnme le?

(4) 여: 明天是周末, 可以休息了。
Míngtiān shì zhōumò, kěyǐ xiūxi le.

남: 星期一的考试呢?
Xīngqīyī de kǎo shì ne?

问: 男的是什么意思?
Nán de shì shénme yìsi?

(5) 남: 你怎么了? 生病了吗?
Nǐ zěnme le? Shēng bìng le ma?

여: 没有。这几天作业太多了。昨天也只睡了三个小时。
Méiyǒu. Zhè jǐ tiān zuòyè tài duō le. Zuótiān yě zhǐ shuì le sān ge xiǎoshí.

问: 女的怎么了? Nǚ de zěnme le?

연습문제 정답

[듣기 听 tīng]

1. (1) C (2) A (3) D (4) B (5) E
2. (1) B: 医院   (2) A: 男的的妈妈
   (3) C: 生病了   (4) B: 没有时间休息
   (5) A: 身体累了

[읽기 阅读 yuèdú]

1. (1) 昨天我只睡了四个小时, 今天身体
   (有点儿) 累。
   Zuótiān wǒ zhǐ shuì le sì ge xiǎoshí, jīntiān shēntǐ (yǒudiǎnr) lèi.

   (2) 大夫说吃 (了) 药就会好的。
   Dàifu shuō chī (le) yào jiù huì hǎo de.

   (3) 你妈妈的病好 (一点儿) 了吗?
   Nǐ māma de bìng hǎo (yìdiǎnr) le ma?

   (4) (因为) 天气很阴, 所以我就带了雨伞。
   (Yīnwèi) tiānqì hěn yīn, suǒyǐ wǒ jiù dài le yǔsǎn.

   (5) 她最近身体好 (多了)。
   Tā zuìjìn shēntǐ hǎo (duō le).

2. (1) X (2) X (3) O (4) X

[쓰기 写 xiě]

(1) 这几天因为考试太累了。
(Zhè jǐ tiān yīnwèi kǎo shì tài lèi le.)

(2) 大夫说吃了药就会好的。
(Dàifu shuō chī le yào jiù huì hǎo de.)

(3) 我今天身体有点儿不舒服。
(Wǒ jīntiān shēntǐ yǒudiǎnr bù shūfu.)

(4) 你快去医院看看吧。
(Nǐ kuài qù yīyuàn kànkan ba.)

(5) 身体好多了。(Shēntǐ hǎo duō le.)

제7과

A. 1. 现在(是)两点四十五分。
   Xiànzài (shì) liǎng diǎn sìshí wǔ fēn./
   现在(是)两点三刻。
   Xiànzài (shì) liǎng diǎn sān kè.

2. 现在差五分两点。
   Xiànzài chà wǔ fēn liǎng diǎn.

3. 我(是)昨天凌晨一点睡觉的。
   Wǒ (shì) zuótiān língchén yī diǎn shuì jiào de. /
   我(是)昨天凌晨一点睡的觉。
   Wǒ (shì) zuótiān língchén yī diǎn shuì de jiào.

4. 我(是)今天早上七点起床的。
   Wǒ (shì) jīntiān zǎoshang qī diǎn qǐ chuáng de./
   我(是)今天早上七点起的床。
   Wǒ (shì) jīntiān zǎoshang qī diǎn qǐ de chuáng.

5. 我昨天只睡了五个小时。
   Wǒ zuótiān zhǐ shuì le wǔ ge xiǎoshí.

6. 我每天都复习两个小时。
   Wǒ měitiān dōu fùxí liǎng ge xiǎoshí.

7. 休息五分钟吧。Xiūxi wǔ fēnzhōng ba.

B. 1. 他怎么不吃饭(呢)?
   Tā zěnme bù chī fàn (ne)?

2. 他怎么不睡觉（呢）?
   Tā zěnme bú shuì jiào (ne)?
3. 你怎么不复习（呢）?
   Nǐ zěnme bú fùxí (ne)?
4. 你怎么不给朋友们发电子邮件（呢）?
   Nǐ zěnme bù gěi péngyoumen fā diànzǐ yóujiàn (ne)?

C. 1. 我们学校里有一个邮局。
   Wǒmen xuéxiào li yǒu yí ge yóujú.
2. 我们学校里有一个银行。
   Wǒmen xuéxiào li yǒu yí ge yínháng.
3. 我的房间里没有电话。
   Wǒ de fángjiān li méiyǒu diànhuà.
4. 教室里没有人。Jiàoshì li méiyǒu rén.

D. 1. 我要去邮局寄信。Wǒ yào qù yóujú jì xìn.
2. 我要去银行换钱。
   Wǒ yào qù yínháng huàn qián.
3. 我要给妹妹买礼物。
   Wǒ yào gěi mèimei mǎi lǐwù.
4. 我周末要在宿舍休息。
   Wǒ zhōumò yào zài sùshè xiūxi.

E. 1. 我给妈妈写了一封信。
   Wǒ gěi māma xiě le yì fēng xìn.
2. 我给女朋友发了一封电子邮件。
   Wǒ gěi nǚpéngyou fā le yì fēng diànzǐ yóujiàn.
3. 我给他买了一个生日礼物。
   Wǒ gěi tā mǎi le yí ge shēngrì lǐwù.
4. （请你）给我看看吧。
   (Qǐng nǐ) gěi wǒ kànkan ba.

F. 1. 咱们去喝咖啡吧。Zánmen qù hē kāfēi ba.
2. 咱们去吃饭吧。Zánmen qù chī fàn ba.
3. 咱们去食堂吃饭吧。
   Zánmen qù shítáng chī fàn ba.

G. 1. 火车站离这儿远吗?
   Huǒchēzhàn lí zhèr yuǎn ma?

2. 电影院离这儿不远。
   Diànyǐngyuàn lí zhèr bù yuǎn.
3. 我家离学校很近。Wǒ jiā lí xuéxiào hěn jìn.

H. 1. 他家又大又漂亮。
   Tā jiā yòu dà yòu piàoliang.
2. 那家饭馆儿的菜又便宜又好吃。
   Nà jiā fànguǎnr de cài yòu piányi yòu hǎochī.
3. 那家超市的东西又贵又不好。
   Nà jiā chāoshì de dōngxi yòu guì yòu bù hǎo.
4. 那只小猫又小又可爱。
   Nà zhī xiǎomāo yòu xiǎo yòu kě'ài.

I. 1. 从我家到学校很远。
   Cóng wǒ jiā dào xuéxiào hěn yuǎn.
2. 我从周一到周五每天去学校。
   Wǒ cóng zhōuyī dào zhōuwǔ měitiān qù xuéxiào.
3. 我从下午一点到四点有课。
   Wǒ cóng xiàwǔ yī diǎn dào sì diǎn yǒu kè.
4. 从韩国到中国不远。
   Cóng Hánguó dào Zhōngguó bù yuǎn.

J. 1. 你喜欢咖啡还是喜欢茶?
   Nǐ xǐhuan kāfēi háishi xǐhuan chá?
2. 你七号走还是八号走?
   Nǐ qī hào zǒu háishi bā hào zǒu?
3. 他去北京还是去上海?
   Tā qù Běijīng háishi qù Shànghǎi?
4. 他姐姐是汉语老师还是英语老师?
   Tā jiějie shì Hànyǔ lǎoshī háishi Yīngyǔ lǎoshī?
5. 你家离学校远还是近?
   Nǐ jiā lí xuéxiào yuǎn háishi jìn?

K. 1. 我周末和朋友去看电影或者和朋友聊天。
   Wǒ zhōumò hé péngyou qù kàn diànyǐng huòzhě hé péngyou liáo tiān.

2. 我周末和朋友去电影院看电影或者和朋友去咖啡厅聊天。
   Wǒ zhōumò hé péngyou qù diànyǐngyuàn kàn diànyǐng huòzhě hé péngyou qù kāfēitīng liáo tiān.
3. 我早上喝一杯牛奶或者喝一杯咖啡。
   Wǒ zǎoshang hē yì bēi niúnǎi huòzhě hē yì bēi kāfēi.
4. 我去食堂或者去学校附近的饭馆儿吃饭。
   Wǒ qù shítáng huòzhě qù xuéxiào fùjìn de fànguǎnr chī fàn.

L. 1. 我吃了饭就做作业。
   Wǒ chī le fàn jiù zuò zuòyè.
2. 我昨天吃了饭就做作业了。
   Wǒ zuótiān chī le fàn jiù zuò zuòyè le.
3. 我去了邮局就去学校。
   Wǒ qù le yóujú jiù qù xuéxiào.
4. 我昨天去了邮局就去学校了。
   Wǒ zuótiān qù le yóujú jiù qù xuéxiào le.
5. 咱们看了电影就回家吧。
   Zánmen kàn le diànyǐng jiù huí jiā ba.
6. 昨天我们看了电影就回家了。
   Zuótiān wǒmen kàn le diànyǐng jiù huí jiā le.

M. 1. 我爸爸身体好了一点儿。
   Wǒ bàba shēntǐ hǎo le yìdiǎnr.
2. 舒服一点儿了吗? Shūfu yìdiǎnr le ma?
3. 我眼睛有点儿疼, 要休息一会儿。
   Wǒ yǎnjing yǒudiǎnr téng, yào xiūxi yíhuìr.
4. 我身体有点儿不舒服, 要休息一个小时。
   Wǒ shēntǐ yǒudiǎnr bù shūfu, yào xiūxi yí ge xiǎoshí.

N. 1. 身体好多了。Shēntǐ hǎo duō le.
2. 菜好吃多了。Cài hǎochī duō le.
3. 忙多了。Máng duō le.

O. 1. 我现在可以睡觉了。
   Wǒ xiànzài kěyǐ shuì jiào le.
2. 你现在可以回家了。
   Nǐ xiànzài kěyǐ huí jiā le.
3. 你现在可以打电话了。
   Nǐ xiànzài kěyǐ dǎ diànhuà le.
4. 你现在可以休息了。
   Nǐ xiànzài kěyǐ xiūxi le.

제8과

듣기 원문

1. (1) 남: 我昨天给你打电话, 你不在。你去哪儿了?
   Wǒ zuótiān gěi nǐ dǎ diànhuà, nǐ bú zài. Nǐ qù nǎr le?
   여: 我去游泳了。Wǒ qù yóu yǒng le.
(2) 여: 你喜欢什么运动?
   Nǐ xǐhuan shénme yùndòng?
   남: 我最喜欢踢足球。Wǒ zuì xǐhuan tī zúqiú.
(3) 남: 这个西瓜真大! 是你买的吗?
   Zhè ge xīguā zhēn dà! Shì nǐ mǎi de ma?
   여: 是的。你吃一块吧。
   Shì de. Nǐ chī yí kuài ba.
(4) 여: 你常打篮球吗? Nǐ cháng dǎ lánqiú ma?
   남: 常打。一个星期差不多打两三次。
   Cháng dǎ. Yí ge xīngqī chàbuduō dǎ liǎngsān cì.
(5) 남: 明天是妈妈的生日。
   Míngtiān shì māma de shēngrì.
   여: 你妈妈的生日是八月五号吗?
   Nǐ māma de shēngrì shì bā yuè wǔ hào ma?

2. (1) 남: 这个西瓜真甜, 多少钱买的。
   Zhè ge xīguā zhēn tián, duōshǎo qián mǎi de.
   여: 不是我买的, 我也不知道。
   Bú shì wǒ mǎi de, wǒ yě bù zhīdao.

问: 他们在吃什么?
　　Tāmen zài chī shénme?
(2) 여: 你怎么了? 哪儿不舒服吗?
　　　Nǐ zěnme le? Nǎr bù shūfu ma?
　　남: 不是。只是心情不太好。
　　　Bú shì. Zhǐ shì xīnqíng bú tài hǎo.
　　问: 男的怎么了? Nán de zěnme le?
(3) 남: 你平时做运动吗?
　　　Nǐ píngshí zuò yùndòng ma?
　　여: 我每天早上都去跑步。
　　　Wǒ měitiān zǎoshang dōu qù pǎo bù.
　　问: 女的平时做什么运动?
　　　Nǚ de píngshí zuò shénme yùndòng?
(4) 여: 你看今天会不会下雨?
　　　Nǐ kàn jīntiān huì bu huì xià yǔ?
　　남: 天气预报说今天会有小雨。
　　　Tiānqì yùbào shuō jīntiān huì yǒu xiǎoyǔ.
　　问: 天气预报说什么?
　　　Tiānqì yùbào shuō shénme?
(5) 남: 这家饭馆儿的猪排骨很好吃。
　　　Zhè jiā fànguǎnr de zhūpáigǔ hěn hǎochī.
　　여: 那我明天和朋友一起去吃。
　　　Nà wǒ míngtiān hé péngyou yìqǐ qù chī.
　　问: 女的明天打算在哪儿吃饭?
　　　Nǚ de míngtiān dǎsuan zài nǎr chī fàn?

연습문제 정답

[듣기 听 tīng]

1. (1) C　(2) E　(3) A　(4) D　(5) B
2. (1) B: 西瓜　　　(2) C: 心情不太好
　 (3) C: 跑步　　　(4) A: 今天会下雨
　 (5) B: 饭馆儿

[읽기 阅读 yuèdú]

1. (1) 时间已经很晚了，你(还)要学习吗? 去睡觉吧。
　　Shíjiān yǐjing hěn wǎn le, nǐ (hái) yào xuéxí ma? Qù shuì jiào ba.
(2) 我今天(好)累呀!
　　Wǒ jīntiān (hǎo) lèi ya!

(3) 我弟弟每个周末都去(打)篮球。
　　Wǒ dìdi měi ge zhōumò dōu qù (dǎ) lánqiú.
(4) 我不会(踢)足球。Wǒ bú huì (tī) zúqiú.
(5) 你喜欢(做)什么运动?
　　Nǐ xǐhuan (zuò) shénme yùndòng?
2. (1) O　(2) O　(3) X　(4) O

[쓰기 写 xiě]

(1) 我每天早上都去游泳。
　 (Wǒ měitiān zǎoshang dōu qù yóu yǒng.)
(2) 你一个星期打几次篮球?
　 (Nǐ yí ge xīngqī dǎ jǐ cì lánqiú?)
(3) 我一个月看两次电影。
　 (Wǒ yí ge yuè kàn liǎng cì diànyǐng.)
(4) 吃了甜甜的西瓜，心情好了点儿。
　 (Chī le tiántián de xīguā, xīnqíng hǎo le diǎnr.)
(5) 我喜欢韩国菜。可是有时候也吃中国菜。
　 (Wǒ xǐhuan Hánguócài. Kěshì yǒushíhou yě chī Zhōngguócài.)

제9과

듣기 원문

1. (1) 남: 我可以看一下你写的报告吗?
　　　　Wǒ kěyǐ kàn yíxià nǐ xiě de bàogào ma?
　　 여: 可以啊。Kěyǐ a.
(2) 여: 你能给我介绍介绍你们学校吗?
　　　Nǐ néng gěi wǒ jièshào jièshào nǐmen xuéxiào ma?
　　남: 没问题。那个大楼就是教学楼。
　　　Méi wèntí. Nà ge dàlóu jiù shì jiàoxuélóu.
(3) 남: 你喝过中国茶吗?
　　　Nǐ hē guo Zhōngguóchá ma?
　　여: 当然喝过。我很爱喝。
　　　Dāngrán hē guo. Wǒ hěn ài hē.
(4) 여: 你猜这位先生是哪国人?
　　　Nǐ cāi zhè wèi xiānsheng shì nǎguórén?
　　남: 我不知道。Wǒ bù zhīdao.

(5) 남: 这些药是谁的? Zhè xiē yào shì shéi de?
　　 여: 是妈妈的。妈妈今天去医院了。
　　　　Shì māma de. Māma jīntiān qù yīyuàn le.

2. (1) 남: 这个菜太咸了。我不想吃。
　　　　Zhè ge cài tài xián le. Wǒ bù xiǎng chī.
　　 여: 面条儿不咸。那你吃面条儿吧。
　　　　Miàntiáor bù xián. Nà nǐ chī miàntiáor ba.
　　 问: 男的觉得菜怎么样?
　　　　Nán de juéde cài zěnmeyàng?

(2) 여: 我早上不爱吃米饭，平时都吃面包。你呢?
　　　Wǒ zǎoshang bú ài chī mǐfàn, píngshí dōu chī miànbāo. Nǐ ne?
　 남: 我不爱吃面包，我天天吃米饭。
　　　Wǒ bú ài chī miànbāo, wǒ tiāntiān chī mǐfàn.
　 问: 女的平时吃什么?
　　　Nǚ de píngshí chī shénme?

(3) 남: 你有中国朋友吗?
　　　Nǐ yǒu Zhōngguó péngyou ma?
　 여: 有哇。很多。Yǒu wa. Hěn duō.
　 问: 女的可能有几个中国朋友?
　　　Nǚ de kěnéng yǒu jǐ ge Zhōngguó péngyou?

(4) 여: 你不累吗? 走了二十分钟了。
　　　Nǐ bú lèi ma? Zǒu le èrshí fēnzhōng le.
　 남: 很累。现在已经差五分六点了。
　　　Hěn lèi. Xiànzài yǐjing chà wǔ fēn liù diǎn le.
　 问: 他们是几点出发的?
　　　Tāmen shì jǐ diǎn chūfā de?

(5) 여: 我的手机太旧了。想买一个新的。
　　　Wǒ de shǒujī tài jiù le. Xiǎng mǎi yí ge xīn de.
　 남: 好，咱们一起去看吧。
　　　Hǎo, zánmen yìqǐ qù kàn ba.
　 问: 女的的手机怎么了?
　　　Nǚ de de shǒujī zěnme le?

연습문제 정답

[듣기 听 tīng]
1. (1) C　(2) E　(3) D　(4) A　(5) B
2. (1) A: 太咸了　(2) B: 面包　(3) C: 五个
　(4) A: 五点三十五分　(5) B: 是旧手机

[읽기 阅读 yuèdú]
1. (1) 你知道这个生词的(意思)吗?
　　　Nǐ zhīdao zhè ge shēngcí de (yìsi) ma?
(2) 中国(还)有哪些饮食习惯?
　　Zhōngguó (hái) yǒu nǎ xiē yǐnshí xíguàn?
(3) 我可以(问)老师一个问题吗?
　　Wǒ kěyǐ (wèn) lǎoshī yí ge wèntí ma?
(4) 汉语老师(给)我们介绍了很多中国的文化。
　　Hànyǔ lǎoshī (gěi) wǒmen jièshào le hěn duō Zhōngguó de wénhuà.
(5) 我没吃(过)中国南方菜。
　　Wǒ méi chī (guo) Zhōngguó nánfāngcài.

2. (1) O　(2) X　(3) X　(4) X

[쓰기 写 xiě]
(1) 你给我介绍一下中国的饮食文化吧。
　　(Nǐ gěi wǒ jièshào yíxià Zhōngguó de yǐnshí wénhuà ba.)
(2) 我给你介绍一个中国人。
　　(Wǒ gěi nǐ jièshào yí ge Zhōngguórén.)
(3) 我先问你一个问题。
　　(Wǒ xiān wèn nǐ yí ge wèntí.)
(4) 你猜一下吧。(Nǐ cāi yíxià ba.)
(5) 你快做作业吧。(Nǐ kuài zuò zuòyè ba.)

제10과

듣기 원문

1. (1) 남: 我的头发长了。想去剪发。
　　　　Wǒ de tóufa cháng le. Xiǎng qù jiǎn fà.
　　 여: 我给你介绍一家美发店。
　　　　Wǒ gěi nǐ jièshào yì jiā měifàdiàn.

(2) 여: 已经六点半了，我饿了。
　　　Yǐjing liù diǎn bàn le, wǒ è le.

남: 好，今天去学校前边的烤鸭店吃吧。
　　Hǎo, jīntiān qù xuéxiào qiánbian de kǎoyādiàn chī ba.

(3) 남: 听说中国北方人爱吃面条儿，是吗？
　　Tīng shuō Zhōngguó běifāngrén ài chī miàntiáor, shì ma?

여: 是啊。Shì a.

(4) 여: 你带女儿去眼科了吗？
　　Nǐ dài nǚ'ér qù yǎnkē le ma?

남: 早上去了。Zǎoshang qù le.

(5) 남: 你今天是坐什么来学校的？
　　Nǐ jīntiān shì zuò shénme lái xuéxiào de?

여: 坐地铁。Zuò dìtiě.

2. (1) 남: 你平时坐什么来学校？
　　Nǐ píngshí zuò shénme lái xuéxiào?

여: 坐地铁。Zuò dìtiě.

问: 女的今天可能坐什么来学校的？
　　Nǚ de jīntiān kěnéng zuò shénme lái xuéxiào de?

(2) 여: 我想换一个发型。
　　Wǒ xiǎng huàn yí ge fàxíng.

남: 你现在的发型也很不错呀。
　　Nǐ xiànzài de fàxíng yě hěn búcuò ya.

问: 男的觉得女的的发型怎么样？
　　Nán de juéde nǚ de de fàxíng zěnmeyàng?

(3) 남: 这个西瓜是什么时候买的？
　　Zhè ge xīguā shì shénme shíhou mǎi de?

여: 前天。Qiántiān.

问: 西瓜是什么时候买的？
　　Xīguā shì shénme shíhou mǎi de?

(4) 여: 小李，听说你有很多中国朋友，是吗？
　　Xiǎo Lǐ, tīng shuō nǐ yǒu hěn duō Zhōngguó péngyou, shì ma?

남: 不是，只有两个。
　　Bú shì, zhǐ yǒu liǎng ge.

问: 小李有几个中国朋友？
　　Xiǎo Lǐ yǒu jǐ ge Zhōngguó péngyou?

(5) 남: 明天是我朋友的生日。给他买什么好呢？
　　Míngtiān shì wǒ péngyou de shēngrì. Gěi tā mǎi shénme hǎo ne?

여: 你看这本书，怎么样？
　　Nǐ kàn zhè běn shū, zěnmeyàng?

问: 男的可能买什么？
　　Nán de kěnéng mǎi shénme?

연습문제 정답

[듣기 听 tīng]

1. (1) B　 (2) E　 (3) D　 (4) C　 (5) A
2. (1) B: 地铁　(2) B: 很好看　(3) A: 前天
　 (4) C: 有两个　(5) C: 书

[읽기 阅读 yuèdú]

1. (1) 现在只走了二十分钟，累(什么)。
　　Xiànzài zhǐ zǒu le èrshí fēnzhōng, lèi (shénme).

(2) 你的头发一点儿(也)不长。
　　Nǐ de tóufa yìdiǎnr (yě) bù cháng.

(3) 请你(帮)我买一张邮票吧。
　　Qǐng nǐ (bāng) wǒ mǎi yì zhāng yóupiào ba.

(4) (听说)那家饭馆儿的菜很不错。
　　(Tīng shuō) nà jiā fànguǎnr de cài hěn búcuò.

(5) 明天我要(带)女儿去医院。
　　Míngtiān wǒ yào (dài) nǚ'ér qù yīyuàn.

2. (1) X　　(2) X　　(3) O　　(4) X

[쓰기 写 xiě]

(1) 听说那家饭馆儿的菜很好吃。
　　(Tīng shuō nà jiā fànguǎnr de cài hěn hǎochī.)

(2) 你的头发长什么？一点儿也不长。
　　(Nǐ de tóufa cháng shénme? Yìdiǎnr yě bù cháng.)

(3) 那件衣服漂亮什么？一点儿也不漂亮。
　　(Nà jiàn yīfu piàoliang shénme? Yìdiǎnr yě bú piàoliang.)

(4) 我带你们去。(Wǒ dài nǐmen qù.)

(5) 其实我也很想换一个发型。
　　(Qíshí wǒ yě hěn xiǎng huàn yí ge fàxíng.)

제11과

듣기 원문

1. (1) 남: 你们吃饭了吗？Nǐmen chī fàn le ma?
   여: 还没吃呢。Hái méi chī ne.
   (2) 여: 你吃过辣炒年糕吗?
   Nǐ chī guo làchǎo niángāo ma?
   남: 吃过，很好吃。Chī guo, hěn hǎochī.
   (3) 남: 妈妈，晚上我想吃炸鸡。
   Māma, wǎnshang wǒ xiǎng chī zhájī.
   여: 昨天吃过，咱们吃别的吧。
   Zuótiān chī guo, zánmen chī biéde ba.
   (4) 여: 昨天的足球比赛你看了吗?
   Zuótiān de zúqiú bǐsài nǐ kàn le ma?
   남: 看了。韩国队赢了。
   Kàn le. Hánguóduì yíng le.
   (5) 남: 这些菜都是你做的吗?
   Zhè xiē cài dōu shì nǐ zuò de ma?
   여: 不是。是我妈妈做的。
   Bú shì. Shì wǒ māma zuò de.

2. (1) 남: 昨天的篮球比赛你看了吗?
   Zuótiān de lánqiú bǐsài nǐ kàn le ma?
   여: 看了。很精彩。Kàn le. Hěn jīngcǎi.
   问: 女的昨天看了什么?
   Nǚ de zuótiān kàn le shénme?
   (2) 여: 你昨天都吃了些什么?
   Nǐ zuótiān dōu chī le xiē shénme?
   남: 炸鸡、猪排骨、还有韩式米肠。
   Zhájī, zhūpáigǔ, hái yǒu Hánshì mǐcháng.
   问: 男的没有说的是哪一个?
   Nán de méiyǒu shuō de shì nǎ yí ge?
   (3) 남: 从十字路口向左拐，就有一个银行。
   Cóng shízì lùkǒu xiàng zuǒ guǎi, jiù yǒu yí ge yínháng.
   여: 啊，就在那儿。Ā, jiù zài nàr.
   问: 他们要去哪儿? Tāmen yào qù nǎr?
   (4) 여: 请在这儿写一下您的手机号码吧。
   Qǐng zài zhèr xiě yíxià nín de shǒujī hàomǎ ba.

   남: 好的。Hǎo de.
   问: 男的要写什么?
   Nán de yào xiě shénme?
   (5) 남: 已经六点半了，小王还没来吗?
   Yǐjing liù diǎn bàn le, Xiǎo Wáng hái méi lái ma?
   여: 是的，还没来。Shì de, hái méi lái.
   问: 现在是几点? Xiànzài shì jǐ diǎn?

연습문제 정답

[듣기 听 tīng]

1. (1) C (2) A (3) D (4) E (5) B
2. (1) C: 篮球比赛 (2) C: 辣炒年糕 (3) A: 银行
   (4) C: 手机号码 (5) B: 六点三十分

[읽기 阅读 yuèdú]

1. (1) 比赛(还)没开始呢。
   Bǐsài (hái) méi kāishǐ ne.
   (2) 还有五分钟比赛(就要)结束了。
   Hái yǒu wǔ fēnzhōng bǐsài (jiùyào) jiéshù le.
   (3) 一(比)零，韩国队赢了。
   Yī (bǐ) líng, Hánguóduì yíng le.
   (4) 你(怎么)买了这么多小吃?
   Nǐ (zěnme) mǎi le zhème duō xiǎochī?
   (5) 这些菜(都)是我妈妈做的。
   Zhè xiē cài (dōu) shì wǒ māma zuò de.

2. (1) O (2) O (3) X (4) O

[쓰기 写 xiě]

(1) 比赛还没开始呢。(Bǐsài hái méi kāishǐ ne.)
(2) 韩国人看比赛，少不了小吃。
   (Hánguórén kàn bǐsài, shǎo bu liǎo xiǎochī.)
(3) 比赛快要开始了。(Bǐsài kuàiyào kāishǐ le.)
(4) 比赛还有三分钟就要结束了。
   (Bǐsài hái yǒu sān fēnzhōng jiùyào jiéshù le.)
(5) 今天的足球比赛真精彩。
   (Jīntiān de zúqiú bǐsài zhēn jīngcǎi.)

제12과

듣기 원문

1. (1) 남: 我能用一下你的笔吗?
      Wǒ néng yòng yíxià nǐ de bǐ ma?
   여: 可以。你用吧。Kěyǐ. Nǐ yòng ba.
   (2) 여: 小李，哪个是你的?
      Xiǎo Lǐ, nǎ ge shì nǐ de?
   남: 那个红的是我的。
      Nà ge hóng de shì wǒ de.
   (3) 남: 你看什么? Nǐ kàn shénme?
   여: 看汉语课本呢。Kàn Hànyǔ kèběn ne.
   (4) 여: 现在你家里有人吗?
      Xiànzài nǐ jiā li yǒu rén ma?
   남: 有。妈妈在家呢。Yǒu. Māma zài jiā ne.
   (5) 남: 今天的篮球比赛，你也要看吗?
      Jīntiān de lánqiú bǐsài, nǐ yě yào kàn ma?
   여: 我明天有考试，没有时间看。
      Wǒ míngtiān yǒu kǎo shì, méiyǒu shíjiān kàn.

2. (1) 남: 我喜欢蓝色，你呢?
      Wǒ xǐhuan lánsè, nǐ ne?
   여: 我也喜欢。Wǒ yě xǐhuan.
   문: 女的喜欢什么颜色?
      Nǚ de xǐhuan shénme yánsè?
   (2) 여: 你怎么了? 生病了吗?
      Nǐ zěnme le? Shēng bìng le ma?
   남: 没有。因为昨天没睡觉。
      Méiyǒu. Yīnwèi zuótiān méi shuì jiào.
   문: 男的怎么了? Nán de zěnme le?
   (3) 남: 这是我前天买的新本子。
      Zhè shì wǒ qiántiān mǎi de xīn běnzi.
   여: 太漂亮了。我也想去买一本。
      Tài piàoliang le. Wǒ yě xiǎng qù mǎi yì běn.
   문: 本子是什么时候买的?
      Běnzi shì shénme shíhou mǎi de?
   (4) 여: 昨天的比赛哪个队赢了?
      Zuótiān de bǐsài nǎ ge duì yíng le?

   남: 四比零，北京队赢了。
      Sì bǐ líng, Běijīngduì yíng le.
   문: 北京队踢进了几个球?
      Běijīngduì tī jìn le jǐ ge qiú?
   (5) 남: 你的头发真漂亮。在哪儿剪的?
      Nǐ de tóufa zhēn piàoliang. Zài nǎr jiǎn de?
   여: 就在你给我介绍的那家美发店剪的。
      Jiù zài nǐ gěi wǒ jièshào de nà jiā měifàdiàn jiǎn de.
   문: 男的觉得女的的头发怎么样?
      Nán de juéde nǚ de de tóufa zěnmeyàng?

연습문제 정답

[듣기 听 tīng]
1. (1) E (2) D (3) B (4) C (5) A
2. (1) B: 蓝色 (2) C: 晚上没睡觉 (3) A: 前天
   (4) B: 四个 (5) B: 很漂亮

[읽기 阅读 yuèdú]
1. (1) 你说汉语说(得)很好。
      Nǐ shuō Hànyǔ shuō (de) hěn hǎo.
   (2) 我(觉得)汉语很有意思。
      Wǒ (juéde) Hànyǔ hěn yǒuyìsi.
   (3) 明天你(能)和我一起去医院吗?
      Míngtiān nǐ (néng) hé wǒ yìqǐ qù yīyuàn ma?
   (4) 他也(一定)会觉得很难。
      Tā yě (yídìng) huì juéde hěn nán.
   (5) 我的朋友们(都)说她很漂亮。
      Wǒ de péngyoumen (dōu) shuō tā hěn piàoliang.
2. (1) X (2) X (3) O (4) X

[쓰기 写 xiě]
(1) 他写汉字写得很快。
   (Tā xiě Hànzì xiě de hěn kuài.)
(2) 她说汉语说得很快。
   (Tā shuō Hànyǔ shuō de hěn kuài.)
(3) 我弟弟跑得很快。(Wǒ dìdi pǎo de hěn kuài.)
(4) 我觉得汉语很有意思。
   (Wǒ juéde Hànyǔ hěn yǒuyìsi.)

(5) 你现在看的是什么书?
(Nǐ xiànzài kàn de shì shénme shū?)

제13과

듣기 원문

1. (1) 남: 请问，图书馆在哪儿?
   Qǐngwèn, túshūguǎn zài nǎr?
   여: 前边的那个大楼就是。
   Qiánbian de nà ge dàlóu jiù shì.
   (2) 여: 你今天从一点到两点做什么?
   Nǐ jīntiān cóng yī diǎn dào liǎng diǎn zuò shénme?
   남: 和朋友们一起吃饭。
   Hé péngyoumen yìqǐ chī fàn.
   (3) 남: 你暑假去哪儿了? Nǐ shǔjià qù nǎr le?
   여: 去中国旅游了。Qù Zhōngguó lǚyóu le.
   (4) 여: 八点了，快起床吧。
   Bā diǎn le, kuài qǐ chuáng ba.
   남: 今天星期天。我想九点起床。
   Jīntiān xīngqītiān. Wǒ xiǎng jiǔ diǎn qǐ chuáng.
   (5) 남: 你做什么呢? Nǐ zuò shénme ne?
   여: 我正在准备做晚饭呢。
   Wǒ zhèngzài zhǔnbèi zuò wǎnfàn ne.

2. (1) 남: 你去过中国吗?
   Nǐ qù guo Zhōngguó ma?
   여: 还没去过。我打算八月去。
   Hái méi qù guo. Wǒ dǎsuan bā yuè qù.
   문: 女的想什么时候去中国?
   Nǚ de xiǎng shénme shíhou qù Zhōngguó?
   (2) 여: 前边的那个大楼是什么楼?
   Qiánbian de nà ge dàlóu shì shénme lóu?
   남: 是图书馆。我们学校图书馆里的书很多。我常去借书。
   Shì túshūguǎn. Wǒmen xuéxiào túshūguǎn li de shū hěn duō. Wǒ cháng qù jiè shū.

문: 男的常去图书馆做什么?
Nán de cháng qù túshūguǎn zuò shénme?
(3) 남: 一个星期一共有多少节课?
Yí ge xīngqī yígòng yǒu duōshǎo jié kè?
여: 十五节课。Shíwǔ jié kè.
문: 一个星期有多少节课?
Yí ge xīngqī yǒu duōshǎo jié kè?
(4) 여: 你会说汉语吗? Nǐ huì shuō Hànyǔ ma?
남: 对不起。我没学过，不会说。
Duìbuqǐ. Wǒ méi xué guo, bú huì shuō.
문: 男的什么时候学过汉语?
Nán de shénme shíhou xué guo Hànyǔ?
(5) 남: 今年假期你打算一个人还是和家人一起去旅游?
Jīnnián jiàqī nǐ dǎsuan yí ge rén háishi hé jiārén yìqǐ qù lǚyóu?
여: 我打算和大学同学一起去。
Wǒ dǎsuan hé dàxué tóngxué yìqǐ qù.
문: 女的假期要和谁一起去旅游?
Nǚ de jiàqī yào hé shéi yìqǐ qù lǚyóu?

연습문제 정답

[듣기 听 tīng]
1. (1) E (2) D (3) A (4) C (5) B
2. (1) A: 今年八月 (2) C: 借书 (3) A: 十五节
   (4) C: 没学过 (5) B: 大学同学

[읽기 阅读 yuèdú]
1. (1) 孩子们都去学校了，家里安安静静(的)。
   Háizimen dōu qù xuéxiào le, jiā li ānanjìngjìng (de).
   (2) 她很(像)她妈妈。
   Tā hěn (xiàng) tā māma.
   (3) 我这个学期选了六(门)课，一个星期要上十八节课。
   Wǒ zhè ge xuéqī xuǎn le liù (mén) kè, yí ge xīngqī yào shàng shíbā jié kè.
   (4) 期末考试(终于)结束了。
   Qīmò kǎo shì (zhōngyú) jiéshù le.

(5) 我假期(一定)要去看爷爷奶奶。
   Wǒ jiàqī (yídìng) yào qù kàn yéye nǎinai.

2. (1) O   (2) X   (3) O   (4) X

[쓰기 写 xiě]

(1) 我连一门课也没考。
   (Wǒ lián yì mén kè yě méi kǎo.)

(2) 我这学期选了七门课。
   (Wǒ zhè xuéqī xuǎn le qī mén kè.)

(3) 考试终于结束了，很开心。
   (Kǎo shì zhōngyú jiéshù le, hěn kāixīn.)

(4) 我打算一个人去中国旅游。
   (Wǒ dǎsuan yí ge rén qù Zhōngguó lǚyóu.)

(5) 你一定要去中国看看。
   (Nǐ yídìng yào qù Zhōngguó kànkan.)

제14과

A. 1. 我一个星期打两三次篮球。
      Wǒ yí ge xīngqī dǎ liǎngsān cì lánqiú.
   2. 我一个月看一两次电影。
      Wǒ yí ge yuè kàn yìliǎng cì diànyǐng.
   3. 我一天洗三四次手。
      Wǒ yì tiān xǐ sānsì cì shǒu.
   4. 我一年去一两次中国。
      Wǒ yì nián qù yìliǎng cì Zhōngguó.

B. 1. 你还要别的吗? Nǐ hái yào biéde ma?
   2. 你还吃别的吗? Nǐ hái chī biéde ma?
   3. 你还买别的吗? Nǐ hái mǎi biéde ma?

C. 1. 我给了她一个礼物。Wǒ gěi le tā yí ge lǐwù.
   2. 王老师教我们汉语。
      Wáng lǎoshī jiāo wǒmen Hànyǔ.
   3. 我问老师一个问题。
      Wǒ wèn lǎoshī yí ge wèntí.

D. 가. 1. 你不是中国人吗?
        Nǐ bú shì Zhōngguórén ma?
   2. 你不是属牛吗? Nǐ bú shì shǔ niú ma?
   3. 你的生日不是八月吗?
      Nǐ de shēngrì bú shì bā yuè ma?

   나. 1. 那件衣服漂亮什么！
         Nà jiàn yīfu piàoliang shénme!
   2. 他的头发长什么！
      Tā de tóufa cháng shénme!
   3. 那家美发店好什么！
      Nà jiā měifàdiàn hǎo shénme!
   4. 这个菜好吃什么！
      Zhè ge cài hǎochī shénme!
   5. 他忙什么！Tā máng shénme!

E. 1. 他的头发一点儿也不长。
      Tā de tóufa yìdiǎnr yě bù cháng.
   2. 他最近一点儿也不忙。
      Tā zuìjìn yìdiǎnr yě bù máng.
   3. 十字路口附近的那家饭馆儿的菜一点儿也不贵。
      Shízì lùkǒu fùjìn de nà jiā fànguǎnr de cài yìdiǎnr yě bú guì.
   4. 他一点儿也不高兴。
      Tā yìdiǎnr yě bù gāoxìng.
   5. 金先生一点儿也不想学习汉语。
      Jīn xiānsheng yìdiǎnr yě bù xiǎng xuéxí Hànyǔ.

F. 1. 听说那家饭馆儿的菜很好吃。
      Tīng shuō nà jiā fànguǎnr de cài hěn hǎochī.
   2. 听说中国南方人喜欢甜的。
      Tīng shuō Zhōngguó nánfāngrén xǐhuan tián de.
   3. 听说汉语很难。
      Tīng shuō Hànyǔ hěn nán.
   4. 听说学校里有银行，是吗?
      Tīng shuō xuéxiào li yǒu yínháng, shì ma?
   5. 听说你喜欢游泳，对吗?
      Tīng shuō nǐ xǐhuan yóu yǒng, duì ma?

G. 1. 你带我们去吧。Nǐ dài wǒmen qù ba.
   2. 我带你们去。Wǒ dài nǐmen qù.
   3. 我昨天带妹妹去医院了。
      Wǒ zuótiān dài mèimei qù yīyuàn le.
   4. 你带西瓜来吧。Nǐ dài xīguā lái ba.
   5. 我带面包去。Wǒ dài miànbāo qù.
   6. 昨天我带面包去学校了。
      Zuótiān wǒ dài miànbāo qù xuéxiào le.

H. 1. 比赛快要开始了。Bǐsài kuàiyào kāishǐ le./
      比赛就要开始了。Bǐsài jiùyào kāishǐ le.
   2. 夏天快要到了。Xiàtiān kuàiyào dào le./
      夏天就要到了。Xiàtiān jiùyào dào le.
   3. 快要考试了。Kuàiyào kǎo shì le./
      就要考试了。Jiùyào kǎo shì le.
   4. 爸爸的生日快要到了。
      Bàba de shēngrì kuàiyào dào le./
      爸爸的生日就要到了。
      Bàba de shēngrì jiùyào dào le.
   5. 还有三分钟就要结束了。
      Hái yǒu sān fēnzhōng jiùyào jiéshù le.

I. 1. 他考试考得很好。
      Tā kǎo shì kǎo de hěn hǎo.
   2. 他写汉字写得很好。
      Tā xiě Hànzì xiě de hěn hǎo.
   3. 他写汉字写得很快。
      Tā xiě Hànzì xiě de hěn kuài.
   4. 他说汉语说得很好。
      Tā shuō Hànyǔ shuō de hěn hǎo.
   5. 他踢足球踢得很好。
      Tā tī zúqiú tī de hěn hǎo.
   6. 他打篮球打得很好。
      Tā dǎ lánqiú dǎ de hěn hǎo.
   7. 他游泳游得很好。
      Tā yóu yǒng yóu de hěn hǎo.

J. 1. 我觉得汉语很难。Wǒ juéde Hànyǔ hěn nán.
   2. 我觉得中国人喜欢红色。
      Wǒ juéde Zhōngguórén xǐhuan hóngsè.
   3. 我觉得她很漂亮。
      Wǒ juéde tā hěn piàoliang.
   4. 我觉得中国菜很好吃。
      Wǒ juéde Zhōngguócài hěn hǎochī.
   5. 我觉得这个药有点儿贵。
      Wǒ juéde zhè ge yào yǒudiǎnr guì.

K. 1. 我连一门课都没考。
      Wǒ lián yì mén kè dōu méi kǎo.
   2. 我家附近连一个银行都没有。
      Wǒ jiā fùjìn lián yí ge yínháng dōu méiyǒu.
   3. 教室里连一个人都没有。
      Jiàoshì li lián yí ge rén dōu méiyǒu.
   4. 这附近连一家饭馆儿都没有。
      Zhè fùjìn lián yì jiā fànguǎnr dōu méiyǒu.
   5. 我连一本汉语书都没有。
      Wǒ lián yì běn Hànyǔ shū dōu méiyǒu.
   6. 他的名字连小孩子都知道。
      Tā de míngzi lián xiǎoháizi dōu zhīdao.

본문해석

제1과 어제는 몇 시에 잤습니까?

(1) 도서관에서 함께 공부하기 위하여 경민과 리리는 아침 일찍 학교 정문에서 만난다.

김경민: 리리 씨, 어제는 몇 시에 잤어요?
왕리리: 새벽 2시에요.
김경민: 몇 시에 일어난 거예요?
왕리리: 아침 6시 45분에요.
김경민: 왜 4시간 밖에 안 잤어요?
왕리리: 숙제가 너무 많아서, 어쩔 수 없었어요.

(2) 늦게까지 공부에 여념이 없는 리리를 경민이 걱정한다.

김경민: 벌써 8시 5분 전이에요. 잠시 쉬어요.
왕리리: 좋아요. 30분간 쉬어요.
김경민: 매일 배운 걸 복습하세요?
왕리리: 네. 저는 매일 저녁마다 배운 과를 복습하고, 새로 배울 과는 예습해요.
김경민: 몇 시간 복습하나요?
왕리리: 두 시간이요.

제2과 학교 안에 우체국이 하나 있습니다.

(1) 부모님께 부쳐야 할 편지를 한 손에 들고 리리가 경민의 어깨를 툭툭 치면서 말을 건다.

왕리리: 학교 안에 우체국 있나요?
김경민: 있지요.
왕리리: 어디에 있어요? 저는 왜 못 봤을까요?
김경민: 바로 교문 오른쪽 건물 안에 있어요. 뭘 부치려고 그러세요?
왕리리: 아빠, 엄마에게 편지를 한 통 부치려고요.
김경민: 저도 기념우표를 사려고 하는데, 우리 함께 가요.

(2) 우체국에서 편지를 부치고 웃으며 돌아보는 리리에게 경민이 문득 떠오른 궁금한 점을 묻는다.

김경민: 아빠, 엄마에게 자주 편지를 쓰세요?
왕리리: 자주 써요.
김경민: 왜 이메일을 안 보내세요?
왕리리: 이메일도 보내죠. 매일 저녁마다 부모님에게 이메일을 보내는 걸요.
김경민: 당신은 정말 좋은 딸이군요.

제3과 은행은 여기에서 멀지 않습니다.

(1) 지갑을 꺼내어 들여다보고 있던 리리가 마침 강의동에서 나오던 경민을 발견한다.

왕리리: 제가 돈이 다 떨어졌어요. 은행에 환전하러 가야겠는데요.
김경민: 이 근처에 바로 은행이 하나 있어요.
왕리리: 어떻게 가나요? 여기에서 가까운가요?
김경민: 멀지 않아요. 저 앞 사거리에 도착해 왼쪽으로 꺾으면 바로 그곳입니다.
왕리리: 저와 함께 가줄 수 있나요?
김경민: 그럼요. 문제 없습니다.

(2) 은행에서 필요한 만큼 돈을 환전하고 두 사람은 다시 학교로 돌아간다.

왕리리: 평소에 점심밥 먹으러 어디에 가세요?
김경민: 학교 구내식당이요.
왕리리: 거기 음식 맛있어요?
김경민: 맛도 있고 값도 싸요. 강의동에서도 가깝고.
왕리리: 오늘도 학교 구내식당에 가서 먹을 건가요?
김경민: 네. 리리 씨도 같이 가요.

제4과 오늘은 오전에 수업이 있나요 아니면 오후에 수업이 있나요?

(1) 경민은 리리와 따로 만나 데이트를 하고 싶다. 그러나 그런 낌새를 전혀 눈치채지 못하는 리리는 수업이 많다는 불평만 늘어 놓는다.

김경민: 오늘 수업 있어요?
왕리리: 있지요. 월요일부터 금요일까지 저는 매일 빠짐없이 수업이 있어요.
김경민: 오늘은 오전에 수업이 있나요 아니면 오후에 수업이 있나요?
왕리리: 오전과 오후에 다 있어요.
김경민: 수업이 몇 시간 있는데요?
왕리리: 여섯 시간이요.

(2) 주중에는 리리가 수업이 많아서 바쁘다는 걸 안 경민은 주말로 화제를 돌린다.

김경민: 주말에는 무슨 일들을 하세요?

왕리리: 책을 보거나 아니면 인터넷으로 채팅해요.
김경민: 이번 주말에 제가 리리 씨에게 영화를 보여드리고 싶은데요.
왕리리: 무슨 영화요? 한국 영화인가요 아니면 중국 영화인가요?
김경민: 홍콩 영화요. 성룡 영화예요.
왕리리: 정말 좋아요. 성룡은 제가 제일 좋아하는 배우거든요.

제5과 점심 먹고 바로 이마트에 갑시다.

(1) 오랜만에 필요한 물건을 사러 나가려고 화장을 하던 리리는 날씨가 걱정되기 시작한다.

왕리리: 밍밍, 네가 보기에 오늘 비 올 거 같니?
장 밍: 날씨가 흐려서, 그럴 것 같은데.
왕리리: 일기 예보에서도 오늘 가랑비 올 가능성이 있다고 했어.
장 밍: 그럼 우산 하나 가지고 가렴.
왕리리: 내 우산 그저께 잃어버렸어.
장 밍: 나한테 두 개 있어. 하나 빌려줄게.

(2) 리리는 말로만 듣던 이마트에 장보러 가려고 경민에게 안내를 부탁한다.

왕리리: 오늘 오후에 시간 있어요?
김경민: 그럼요. 왜 그러는데요? 저에게 볼 일 있으세요?
왕리리: 이마트에 가고 싶은데, 어떻게 가는지 길을 몰라서요.
김경민: 이마트에서 마침 세일하고 있어요!
왕리리: 정말이에요? 몇 퍼센트 세일 하는데요?
김경민: 20퍼센트요. 우리 점심 먹고 바로 가요.

제6과 저 몸이 좀 불편합니다.

(1) 리리가 책상 위에 엎드려 힘겨워 하는 것을 보고 경민이 걱정스럽게 말을 건다.

김경민: 리리 씨, 왜 그래요? 병 났어요?
왕리리: 저 몸이 좀 불편해서요.
김경민: 어디가 불편한데요? 열이 있어요?
왕리리: 열은 없어요. 그런데 눈이 좀 아파요.

김경민: 얼른 병원에 한번 가 보세요.
왕리리: 알았어요. 안과에 한번 가 볼게요.

(2) 밝은 얼굴로 병원에서 돌아오는 리리에게 경민도 가벼운 마음으로 몸 상태를 물어본다.

김경민: 어때요? 좀 좋아졌나요?
왕리리: 많이 좋아졌어요.
김경민: 의사가 뭐라고 하던가요?
왕리리: 의사는 약 먹으면 금방 좋아질 거라고 하던대요.
김경민: 요 며칠 시험 때문에 리리 씨가 너무 힘들어서 그래요.
왕리리: 내일 주말이니까 쉴 수 있겠네요.

제7과 전반부 총복습

왕리리가 한국에 공부하러 온지도 벌써 일년이 되었습니다. 그녀의 한국어 실력은 굉장히 훌륭합니다. 그녀는 매일 두 시간씩 배운 걸 복습합니다. 그녀는 매일 저녁마다 아빠, 엄마에게 이메일을 보내고, 부모님에게 편지도 자주 씁니다. 그녀는 좋은 학생이면서 좋은 딸이기도 합니다. 그녀는 요 며칠 시험 때문에 병이 났습니다. 그래서 그녀는 학교 앞에 있는 안과에 갔습니다. 의사 선생님이 눈에는 별 탈이 없고, 약 먹으면 금방 좋아질 거라고 말씀하셨습니다.

제8과 저는 일주일에 한 번 농구를 합니다.

(1) 경민은 너무 열심히 공부하는 리리의 건강이 걱정스럽다.

김경민: 평소에 운동하세요?
왕리리: 저는 매일 아침마다 조깅하러 가고, 주말에는 수영하러 갑니다. 경민 씨는요?
김경민: 저는 농구하는 거 좋아해요. 때때로 축구도 하고요.
왕리리: 일주일에 농구를 몇 번 하세요?
김경민: 거의 두세 번 정도 해요.

(2) 경민에게는 매일 운동한다고 했지만, 실제로는 시험 준비하느라 운동할 시간이 없는 리리가 룸메이트인 장밍에게 속마음을 털어놓는다.

왕리리: 밍밍, 너 수박 먹을래?
장 밍: 고마워. 이 수박 정말 달다.
왕리리: 너 더 원하니? 여기에 더 있어.
장 밍: 좋아. 한 쪽 더 줘.
왕리리: 요즘 너무 지쳤었는데, 달달한 수박을 먹으니까 기분이 좀 좋아졌어.
장 밍: 그럼 너 매일같이 수박 먹어야겠다.

제9과 이미 중국통이네요.

(1) 중국 문화 수업에 제출해야 할 리포트 때문에 경민은 리리를 만난다.
김경민: 리리 씨, 저 보고서 하나 작성해야 해요.
왕리리: 무슨 보고서를 작성해야 하는데요?
김경민: 중국의 음식 문화에 대해서 써야 돼요.
왕리리: '南甜北咸'이라고 알아요?
김경민: 아니요. 그게 무슨 뜻인데요?
왕리리: 중국의 남쪽 지역 사람들은 단 것 먹는 걸 좋아하고, 북쪽 지역 사람들은 짠 것 먹는 걸 좋아한다는 뜻이에요.

(2) 평소 관심이 있던 중국의 음식 문화를 리포트 제목으로 정하고, 경민이 리리에게 도움을 청한다.
김경민: 또 다른 음식 습관에 대해서도 저에게 소개해주시겠어요?
왕리리: 좋아요. 제가 먼저 질문을 하나 할 테니까, 한 번 맞춰보세요.
김경민: 무슨 문제요? 얼른 물어봐요.
왕리리: 짜장면은 남방 음식일까요 아니면 북방 음식일까요?
김경민: 너무 쉬운데요. 중국 남쪽 지방 사람들은 쌀밥 먹는 걸 좋아하고, 북쪽 지방 사람들은 국수 먹는 걸 좋아하지 않나요?
왕리리: 경민 씨는 이미 중국통이네요.

제10과 당신 머리카락은 조금도 길지 않습니다.

(1) 한국에 온 뒤 줄곧 미용실에 갈 기회가 없었던 장밍은 헤어 스타일을 바꾸고 싶은 마음에 리리에게 상담한다.

장 밍: 리리, 네가 보기에 내 머리카락 길어 안 길어?
왕리리: 네 머리카락이 길기는 뭐가 길다고 그래. 조금도 길지 않아.
장 밍: 하지만 난 좀 더 짧게 자르고 싶은데.
왕리리: 사실 나도 헤어 스타일을 바꾸고 싶어.
장 밍: 네 생각에 우리 어느 미용실에 가는 게 좋을 거 같니?
왕리리: 나도 잘 몰라. 우리 경민 씨에게 좀 물어보러 가자.

(2) 헤어 스타일은 잘못 건드리면 다시 손보기도 어렵기에 리리와 장밍은 경민에게 괜찮은 미용실을 소개받고 싶어한다.
왕리리: 경민 씨, 우리 머리카락 자르러 가고 싶어요.
김경민: 두 사람 다 머리카락이 길지도 않은데, 무슨 머리카락을 자른다고 그래요.
왕리리: 우리들에게 미용실이나 한 군데 소개해 주세요.
김경민: 사거리 근처에 미용실이 한 곳 있는데, 상당히 괜찮다고 하더라고요.
왕리리: 우리는 어느 미용실인지 모르니까, 우리 좀 데리고 가주세요.
김경민: 좋아요.

제11과 축구 시합이 곧 시작합니다.

(1) 경민, 리리, 장밍 세 사람은 함께 한일국가대표 축구 시합을 보기 위해 텔레비전 앞에 모였다.
김경민: 축구 시합 시작했어요?
왕리리: 아직이에요. 무슨 간식거리들을 이렇게나 많이 샀어요?
김경민: 한국 사람이 (축구) 시합 보는데, 간식이 빠질 수는 없죠.
장 밍: 전 떡볶이 제일 좋아하는데. 경민 씨 고마워요.
왕리리: 와, 여기에 순대랑 치킨도 있네요.
김경민: 시합이 금방 시작할 것 같네요. 둘 다 얼른 와서 앉아요.

(2) 세 사람은 축구 시합의 열기에 시간이 가는 줄도 모르고 응원에 열중이다.
장 밍: 파이팅! 파이팅! 한국팀 파이팅!

왕리리: 정말 굉장해요. 한국팀이 또 한 골 넣었어요.
김경민: 이제 3분만 있으면 바로 끝날 겁니다.
장 밍: 2 대 1, 한국팀이 이겼어요.
왕리리: 오늘 한국팀과 일본팀의 축구 경기는 정말 훌륭했어요!
김경민: 맞아요. 오늘 경기는 굉장히 재미있었어요.

제12과 영어 시험은 어땠습니까?

(1) 리리와 경민이 도서관에서 함께 시험 준비에 열중이다.

왕리리: 펜 좀 쓸 수 있을까요?
김경민: 무슨 색깔로 필요하세요? 검은 거요 아니면 파란 거요?
왕리리: 빨간 거로요. 제 빨간 펜이 사라졌어요.
김경민: 네. 여기요.
왕리리: 지금 보는 거는 무슨 책이에요?
김경민: 영어 교과서예요. 전 내일 영어 말하기 시험이 있거든요.

(2) 영어 시험을 마치고 나온 경민을 만나자 리리가 시험 결과부터 묻는다.

왕리리: 영어 시험은 어땠어요?
김경민: 그렇게 잘 보지는 못했어요.
왕리리: 시험 문제가 어려웠나요?
김경민: 저는 어렵다고 느꼈어요.
왕리리: 그렇다면 다른 동급생들도 틀림없이 어렵다고 느끼지 않았겠어요?
김경민: 아니요. 다른 친구들은 다 쉽다고 하더라고요.

제13과 캠퍼스가 요 며칠 조용합니다.

(1) 리리와 경민은 기말고사 기간이라 유난히 조용한 캠퍼스를 내려다보고 있다.

왕리리: 학교 캠퍼스가 요 며칠 조용한 게 우리 학교 같지 않아요.
김경민: 요즘 학생들이 기말고사 준비로 모두 도서관에 가서 그래요.
왕리리: 이번 학기에 몇 과목 선택했어요?

김경민: 일곱 과목이요. 어제 두 과목 시험 봤어요.
왕리리: 저는 아직 한 과목도 보지 못했는데.
김경민: 그럼 공부 열심히 하세요.

(2) 기말고사를 무사히 치르고 이제 방학에 접어든다고 생각하니 두 사람의 마음도 어느새 해방감에 젖어든다.

김경민: 시험이 마침내 끝나니까, 정말 홀가분하네요.
왕리리: 방학 때 무슨 계획 있나요?
김경민: 이번 방학 때 저는 중국으로 여행 가려고 해요.
왕리리: 혼자 가요 아니면 친구와 함께 가나요?
김경민: 저 혼자요. 배낭 여행 하려고 해요.
왕리리: 베이징에 도착하면 꼭 나를 찾아와야 해요!

제14과 후반부 총복습

왕리리는 김경민에게 중국의 문화를 많이 소개해 주었습니다. 예를 들면, 중국의 음식 습관이나 역사 등등. 왕리리는 김경민이 이미 중국통이 되었다고 생각합니다. 왕리리와 장밍 두 사람 역시 모두 한국통입니다. 그녀들은 한국의 많은 배우들을 좋아할 뿐 아니라 한국의 간식을 먹는 것도 매우 좋아합니다. 떡볶이나 순대 등등, 모두 좋아합니다.

병음색인

A

ài 爱	……하기를 좋아하다	106
ānjìng 安静	조용하다	154

B

bǎ 把	손잡이가 있는 물건(우산, 칼, 의자 등)을 세는 양사	62
bái 白	하얀 색(의), 하얗다	140
bànfǎ 办法	방법, 수단	14
bāng 帮	돕다	119
bāngzhù 帮助	돕다	119
bàng 棒	대단하다, 굉장하다	131
bàogào 报告	보고(서); 보고하다	106
bēi 杯	컵에 담긴 음료를 세는 양사. 잔, 컵	52
běi 北	북쪽	106
běifāng 北方	북방	106
běn 本	책을 세는 양사. 권	25
bǐ 比	(시합의 득점이) …… 대 ……이다	131
bǐsài 比赛	시합 ; 시합하다	130
bǐ 笔	펜	142
biéde 别的	다른 것	107
biérén 别人	다른 사람	135
búcuò 不错	훌륭하다, 좋다	119
bú yàojǐn 不要紧	괜찮다, 문제 없다	82

C

cāi 猜	추리하다, 맞히다	107
chà 差	부족하다, 모자르다	15
chàbuduō 差不多	대체로, 거의	94
cháng 长	길다	118
Chángchéng 长城	만리장성	48
chángfà 长发	장발	124
chǎo 炒	볶다	130
Chéng Lóng 成龙	성룡	51
chōu//yān 抽烟	담배를 피우다	140
chūfā 出发	출발하다	110
chūshēng 出生	태어나다, 출생하다	12
Chūn Jié 春节	설, 구정	36
chūntiān 春天	봄	128
cì 次	동작의 횟수를 세는 동량사. 번, 회	94
cōngming 聪明	똑똑하다	37
cóng 从	……에서, ……으로부터	50
cuò 错	틀리다	128

D

dǎ 打	(전화 따위를) 걸다	25
dǎ 打	(놀이 혹은 운동을) 하다	94
dǎ lánqiú 打篮球	농구하다	94
dǎ//zhé 打折	할인하다	63
dàlóu 大楼	건물	26
dàxué 大学	대학교	80
dài 带	지니다	62
dài 带	인솔하다	119
dàifu 大夫	의사	75
dàn 但	그러나	74
dànshì 但是	그러나	74
dàngāo 蛋糕	케이크	100
dāngrán 当然	당연히, 물론	110
dào 到	도착하다	38
dào 到	……까지	50
de 得	동사 혹은 형용사의 뒤에 쓰여서 결과보어 혹은 정도보어를 연결하는 역할을 하는 조사	143
děngděng 等等	기타, 등등	162
dì yī cì 第一次	첫 번째	111
diànnǎo 电脑	컴퓨터	76
diànshì 电视	텔레비전	19
diànyǐng 电影	영화	51
diànyǐngyuàn 电影院	영화관	85
diànzǐ yóujiàn 电子邮件	이메일	27
dìtiě 地铁	지하철	17
dìtiězhàn 地铁站	지하철 역	36

diū 丢 잃어버리다		62
dōngtiān 冬天 겨울		111
dōu 都 모두		15
dùzi 肚子 (인체의) 배		123
duǎn 短 짧다		118
duǎnfà 短发 단발		124
duǎnxìn 短信 문자메시지		145
duì 队 팀		131
duìhuà 对话 대화		30

E

è 饿 배고프다		122

F

fā 发 보내다		27
fā//shāo 发烧 열이 나다		74
fàxíng 发型 머리 모양, 헤어 스타일		118
fángjiān 房间 방		24
fēicháng 非常 무척, 굉장히		82
fēnzhōng 分钟 분(간)		15
fēng 封 편지를 세는 양사. 통		26
fùmǔ 父母 부모님		52
fùxí 复习 복습 ; 복습하다		15

G

gānjìng 干净 깨끗하다, 청결하다		40
gěi 给 ……에게		26
gěi 给 주다		95
gōnggòng qìchē 公共汽车 버스		54
gōnggòng qìchēzhàn 公共汽车站 버스 정류장		44
gōngkè 功课 과제, (학교) 공부		15
gōnglǐ 公里 킬로미터(km)		36
gōngyuán 公园 공원		140
guǎi 拐 꺾다, (방향을) 바꾸다		38
guì 贵 비싸다		44
guò 过 지내다		111

H

hái 还 게다가, 더, 또		95
hái 还 아직		130
háishi 还是 선택의문문을 만드는 접속사. ……인가 아니면……인가?		50
háizi 孩子 아이, 어린이		132
Hánguótōng 韩国通 한국통		162
Hánshì mǐcháng 韩式米肠 순대		130
Hànzì 汉字 한자		144
hǎo 好 아주, 매우		95
hǎohāor 好好儿 잘, 충분히		154
hǎojiǔ 好久 (시간이) 오래다		153
hēi 黑 검은 색(의), 검다		142
hēisè 黑色 검은색		146
hóng 红 빨간 색(의), 빨갛다		142
hóngsè 红色 빨간색		146
hú 湖 호수		140
huà 话 말, 이야기		152
huàn 换 바꾸다		38
huì 会 ……할 가능성이 있다, ……할 것이다		62
huǒchē 火车 기차		54
huǒchēzhàn 火车站 기차역		85
huòzhě 或者 …… 혹은 ……		51

J

jì 寄 (우편물 따위를) 부치다, 보내다		26
jìhuà 计划 계획 ; 계획하다		155
jìniàn 纪念 기념; 기념하다		26
jiā//yóu 加油 힘을 내다, 격려하다		131
jiàqī 假期 방학 기간, 휴가 기간		155
jiǎn 剪 자르다		118

jiǎn//fà 剪发 머리카락을 자르다	119
jiàn 件 옷을 세는 양사. 벌	100
jiàn 见 보다, 보이다	142
jiàn//miàn 见面 만나다	153
jiāo 教 가르치다	163
jiàoshì 教室 교실	40
jié 节 수업 시간을 세는 양사	50
jié//hūn 结婚 결혼하다	157
jiéshù 结束 끝나다, 마치다	131
jiějué 解决 해결하다	140
jiè 借 빌리다, 빌려주다	62
jièshào 介绍 소개하다	107
jìn 近 가깝다	38
jìn 进 들어가다	131
jīngcǎi 精彩 뛰어나다, 훌륭하다	131
jiǔ 酒 술	53
jiù 旧 낡다, 오래되다	15
jiù kè 旧课 배운 과, 지난 과	15
jiùyào……le 就要……了 곧 ……할 것이다	131
jù 句 문장 혹은 시(詩)의 구절을 세는 양사	156
juéde 觉得 ……라고 여기다, ……라고 생각하다	143

K

kāfēitīng 咖啡厅 커피숍	44
kāishǐ 开始 시작하다	130
kāixīn 开心 유쾌하다, 즐겁다, 홀가분하다	155
kànjiàn 看见 보다, 보이다	26
kǎo 考 (시험을) 치르다	143
kǎo//shì 考试 시험 ; 시험을 치다	75
kǎotí 考题 시험 문제	143
kě'ài 可爱 귀엽다	37
kělè 可乐 콜라	49
kěnéng 可能 가능성 ; 가능하다; 아마도 ……일 것이다	62
kěshì 可是 그러나	63
kè 刻 15분을 세는 단위	14

kè 课 수업	50
kè 课 과목	154
kèběn 课本 교과서	142
kǒushì 口试 구술 시험	154
kǒuyǔ 口语 구어, 말하기	142
kū 哭 울다	104
kuài 块 조각이나 덩어리 형태의 물건을 세는 양사. 조각, 덩어리	95
kuài 快 빠르다	74
kuàiyào……le 快要……了 곧 ……할 것이다	130

L

là 辣 맵다	130
làchǎo niángāo 辣炒年糕 떡볶이	130
lán 蓝 파란 색(의), 파랗다	142
lánsè 蓝色 파란색	146
lánqiú 篮球 농구	94
lèi 累 지치다, 피곤하다	75
lěng 冷 춥다	72
lí 离 ……에서, ……으로부터	38
lǐ 里 안, 속	26
li 里 명사의 뒤에서 장소, 범위 등을 나타낸다	26
lǐwù 礼物 선물	84
lìrú 例如 예를 들다, 예를 들면	162
lìshǐ 历史 역사	162
lián……dōu 连……都 (심지어)……조차도	154
liáo//tiān 聊天 한담하다, 잡담을 나누다	51
língchén 凌晨 새벽, 동틀 무렵	14
lǚyóu 旅游 여행 ; 여행하다	155

M

mǎshang 马上 곧, 즉시	132
màn 慢 느리다	93
měifàdiàn 美发店 미용실	118
Měiguó 美国 미국	55

Měiguórén 美国人 미국인	42	
měitiān 每天 매일	15	
mén 门 과목을 세는 양사	154	
mǐfàn 米饭 쌀밥	107	
miànshì 面试 면접 시험	154	
miàntiáo(r) 面条(儿) 국수	107	
míngbai 明白 명확하다, 분명하다	152	

N

nán 南 남쪽	106
nánfāng 南方 남방	106
nántián běixián 南甜北咸 남쪽 사람은 단 것, 북쪽 사람은 짠 것을 좋아한다	106
néng 能 ……할 수 있다, ……해도 괜찮다	142
nián 年 년, 해	100
niángāo 年糕 떡	130
niúnǎi 牛奶 우유	52
nǔlì 努力 노력하다, 열심히 하다	25
nǚ'ér 女儿 딸	27
nǚshēng 女生 여학생	140

P

pǎo 跑 달리다	141
pǎo//bù 跑步 달리다, 조깅하다	94
piányi 便宜 (가격이) 싸다	39
píngshí 平时 평소	39

Q

qīmò 期末 기말	154
qīzhōng kǎo shì 期中考试 중간고사	154
qíshí 其实 사실은	118
qǐ//chuáng 起床 일어나다	14
qìchē 汽车 자동차	12
qiánbian 前边 앞, 앞쪽	38

qiántiān 前天 그저께	62
qīngchu 清楚 분명하다, 뚜렷하다	118
qǐng 请 (식사나 파티 따위에) 초대하다, 한턱 내다	51
qǐngwèn 请问 잠깐 여쭙겠습니다, 실례합니다	42
qiú 球 공, 골	131

R

rènwu 任务 임무	140
Rìběn 日本 일본	131
Rìyǔ 日语 일본어	92
róngyì 容易 쉽다	107

S

Shāndōng 山东 산동	111
Shānxī 山西 산서	111
shāngdiàn 商店 상점	17
shàng ge xīngqī 上个星期 지난 주	68
shàng ge xīngqīliù 上个星期六 지난 주 토요일	31
Shànghǎi 上海 상해, 상하이	25
shàng//kè 上课 수업하다	29
shàng//wǎng 上网 인터넷에 접속하다, 인터넷을 하다	51
shàngwǔ 上午 오전	50
shǎo bu liǎo 少不了 빼놓을 수 없다	130
shēntǐ 身体 몸, 건강	74
shēng//bìng 生病 병이 나다	74
shēngcí 生词 새 단어	111
shēnghuó 生活 생활	128
shēngyīn 声音 소리	116
shíjiān 时间 시간	63
shítáng 食堂 구내 식당	39
shízì lùkǒu 十字路口 사거리, 교차로	38
shǒu 手 손	24
shū 书 책	51

shūfu 舒服 편안하다	74	
shuǐ 水 물	49	
shuì 睡 자다	14	
shuì//jiào 睡觉 (잠을) 자다	14	
sòng 送 주다, 선물하다	25	
sùshè 宿舍 기숙사	40	
suān 酸 시다	111	
suǒyǐ 所以 그래서	75	

T

téng 疼 아프다	74
tī 踢 (발로) 차다	94
tī zúqiú 踢足球 축구하다	94
tídào 提到 언급하다	30
tiān 天 날, 일	75
tiānqì 天气 날씨	62
tiāntiān 天天 매일같이, 날마다	95
tián 甜 달다	95
tīng 听 듣다	52
tīng//shuō 听说 듣자하니, 들은 바에 의하면	119
tóngxué 同学 동창, 동급생	143
tóu 头 머리	76
tóufa 头发 머리카락	118
túshūguǎn 图书馆 도서관	154

W

wa 哇 어기 조사	26
wàibian 外边 바깥쪽	24
wánchéng 完成 완성하다	140
wánr 玩儿 놀다	76
wǎn 晚 (시간적으로) 늦다	13
wǎnfàn 晚饭 저녁밥, 저녁 식사	80
wǎnshang 晚上 저녁	15
wèishénme 为什么 왜	42
wénhuà 文化 문화	106

wèn 问 묻다	107
wǔfàn 午饭 점심밥, 점심 식사	39

X

xīguā 西瓜 수박	95
xíguàn 习惯 습관, 습성 ; 습관이 되다, 습성이 되다	107
xǐ 洗 씻다	100
xǐshǒujiān 洗手间 화장실	55
xià//kè 下课 수업을 마치다	135
xiàwǔ 下午 오후	50
xiàtiān 夏天 여름	165
xián 咸 짜다	106
Xiānggǎng 香港 홍콩	51
xiàng 向 ……쪽으로	38
xiàng 像 마치 ……와 같다, 닮다	154
xiǎocèyàn 小测验 퀴즈	154
xiǎochī 小吃 군것질거리, 간식, 스낵	130
xiǎoháizi 小孩子 아이, 꼬마	153
xiǎoshí 小时 시간	14
xiǎoyǔ 小雨 가랑비	62
xiàoménkǒu 校门口 교문 입구	26
xiàoyuán 校园 교정, 캠퍼스	154
xiě 写 쓰다	27
xīn 新 새롭다	15
xīn kè 新课 새로운 과, 배울 과	15
xīnqíng 心情 기분	95
xìn 信 편지	26
xiūxi 休息 쉬다	15
xuǎn 选 선택하다, 고르다	154
xuéqī 学期 학기	154
xuésheng 学生 학생	154

Y

ya 呀 어기 조사	26
yánsè 颜色 색깔	142

yǎnjing 眼睛 눈		74
yǎnkē 眼科 안과		74
yǎnyuán 演员 배우		51
yào 药 약		75
yào 要 ……하려고 하다, ……해야 한다		26
yàojǐn 要紧 심하다, 심각하다		82
yīfu 衣服 옷		40
yídìng 一定 반드시		143
yíhuìr 一会儿 잠시, 잠깐		15
yíxià 一下 한 번 ……하다, 한 번 ……해보다		107
yìbān láishuō 一般来说 일반적으로 말해서		111
(yì)diǎnr (一)点儿 조금, 약간		75
yìzhí 一直 곧장, 줄곧		68
Yìmǎidé 易买得 이마트(emart)		63
yìsi 意思 뜻, 의미		106
yīn 阴 흐리다		62
yīnwèi 因为 ……때문에		75
yīnyuè 音乐 음악		52
yínháng 银行 은행		38
yǐnshí 饮食 음식		106
yīnggāi 应该 (마땅히)……해야 한다		95
Yīngyǔ 英语 영어		142
yíng 赢 이기다		131
yòng 用 쓰다, 사용하다		142
yóujú 邮局 우체국		26
yóupiào 邮票 우표		26
yóu//yǒng 游泳 수영 ; 수영하다		94
yǒudiǎnr 有点儿 조금, 약간		74
yǒushíhou 有时候 때로는		94
yǒuyìsi 有意思 재미있다		131
yòu 又 또		131
yòu……yòu…… 又……又…… ……하기도 하고 ……하기도 하다		39
yòubian 右边 오른쪽		26
yùbào 预报 예보 ; 예보하다		62
yùxí 预习 예습 ; 예습하다		15
yùndòng 运动 운동 ; 운동하다		94

Z

zài 再 다시, 더		95
zánmen 咱们 우리		26
zǎofàn 早饭 아침밥, 아침 식사		80
zǎoshang 早上 아침		14
zěnme 怎么 왜		14
zhájī 炸鸡 프라이드치킨		130
zhájiàngmiàn 炸酱面 짜장면		107
zhāng 张 종이 등과 같이 평평한 면을 가진 물건을 세는 양사. 장		121
zhè jǐ tiān 这几天 요 며칠		75
zhēn 真 정말, 참으로		27
zhèngzài 正在 ……하고 있다(진행과 지속을 표시)		63
zhī 只 동물을 세는 양사. 마리		85
zhī 支 가늘고 기다란 물건을 세는 양사		147
zhǐ 纸 종이		140
Zhōngguótōng 中国通 중국통		107
zhōngyú 终于 마침내, 드디어		155
zhōu'èr 周二 화요일		50
zhōuliù 周六 토요일		50
zhōumò 周末 주말		51
zhōurì 周日 일요일		50
zhōusān 周三 수요일		50
zhōusì 周四 목요일		50
zhōuwǔ 周五 금요일		50
zhōuyī 周一 월요일		50
zhǔnbèi 准备 준비하다		154
zìzhùyóu 自助游 배낭 여행, 자유 여행		155
zǒu 走 (떠나)가다, 걷다		38
zúqiú 足球 축구		94
zuìjìn 最近 최근, 근래		95
zuǒ 左 왼쪽		38
zuǒbian 左边 왼쪽		38

※ 본문에 나오는 단어는 본문 페이지를 기준으로 표시하였다. 그 외의 기타 단어는 처음 출현한 페이지를 기준으로 표시하였다.

단어색인

제1과

睡觉 shuì//jiào (잠을) 자다
凌晨 língchén 새벽, 동틀 무렵
起床 qǐ//chuáng 일어나다
早上 zǎoshang 아침
刻 kè 15분을 세는 단위
怎么 zěnme 왜
睡 shuì 자다
小时 xiǎoshí 시간
办法 bànfǎ 방법, 수단
差 chà 부족하다, 모자르다
休息 xiūxi 쉬다
一会儿 yíhuìr 잠시, 잠깐
分钟 fēnzhōng 분(간)
每天 měitiān 매일
复习 fùxí 복습; 복습하다
功课 gōngkè 과제, (학교) 공부
晚上 wǎnshang 저녁
都 dōu 모두
旧课 jiù kè 배운 과, 지난 과
旧 jiù 낡다, 오래되다
预习 yùxí 예습; 예습하다
新课 xīn kè 새로운 과, 배울 과
新 xīn 새롭다

제2과

里 lǐ 안, 속
里 li 명사의 뒤에서 장소, 범위 등을 나타낸다
邮局 yóujú 우체국
哇 wa 어기 조사
看见 kànjiàn 보다, 보이다
校门口 xiàoménkǒu 교문 입구
右边 yòubian 오른쪽
大楼 dàlóu 건물
呀 ya 어기 조사
要 yào ……하려고 하다, ……해야 한다
寄 jì (우편물 따위를) 부치다, 보내다
给 gěi ……에게
封 fēng 편지를 세는 양사. 통
信 xìn 편지
纪念 jìniàn 기념; 기념하다
邮票 yóupiào 우표
咱们 zánmen 우리
写 xiě 쓰다
发 fā 보내다
电子邮件 diànzǐ yóujiàn 이메일
真 zhēn 정말, 참으로
女儿 nǚ'ér 딸

제3과

银行 yínháng 은행
换 huàn 바꾸다
走 zǒu (떠나)가다, 걷다
离 lí ……에서, ……으로부터
近 jìn 가깝다
到 dào 도착하다
前边 qiánbian 앞, 앞쪽
十字路口 shízì lùkǒu 사거리, 교차로
向 xiàng ……쪽으로
左 zuǒ 왼쪽
左边 zuǒbian 왼쪽
拐 guǎi 꺾다, (방향을) 바꾸다
平时 píngshí 평소
午饭 wǔfàn 점심밥, 점심 식사
食堂 shítáng 구내 식당
又……又…… yòu……yòu……
　　　　　　……하기도 하고 ……하기도 하다
便宜 piányi (가격이) 싸다

제4과

课 kè 수업
从 cóng ……에서, ……으로부터
周一 zhōuyī 월요일
周二 zhōu'èr 화요일
周三 zhōusān 수요일
周四 zhōusì 목요일
周五 zhōuwǔ 금요일
周六 zhōuliù 토요일
周日 zhōurì 일요일
到 dào ……까지
上午 shàngwǔ 오전

还是 háishi 선택의문문을 만드는 접속사. ……인가 아니면……인가?
下午 xiàwǔ 오후
节 jié 수업 시간을 세는 양사
周末 zhōumò 주말
书 shū 책
或者 huòzhě ……혹은……
上网 shàng//wǎng 인터넷에 접속하다, 인터넷을 하다
聊天 liáo//tiān 한담하다, 잡담을 나누다
请 qǐng (식사나 파티 따위에) 초대하다, 한턱 내다
电影 diànyǐng 영화
演员 yǎnyuán 배우
香港 Xiānggǎng 홍콩
成龙 Chéng Lóng 성룡

但 dàn 그러나
眼睛 yǎnjing 눈
疼 téng 아프다
快 kuài 빠르다
眼科 yǎnkē 안과
(一)点儿 (yì)diǎnr 조금, 약간
大夫 dàifu 의사
药 yào 약
因为 yīnwèi ……때문에
所以 suǒyǐ 그래서
这几天 zhè jǐ tiān 요 며칠
天 tiān 날, 일
考试 kǎo//shì 시험; 시험을 치다
累 lèi 지치다, 피곤하다

제5과

会 huì ……할 가능성이 있다, ……할 것이다
天气 tiānqì 날씨
阴 yīn 흐리다
可能 kěnéng 가능성; 가능하다; 아마도 ……일 것이다
预报 yùbào 예보; 예보하다
小雨 xiǎoyǔ 가랑비
带 dài 지니다
把 bǎ 손잡이가 있는 물건(우산, 칼, 의자 등)을 세는 양사
前天 qiántiān 그저께
丢 diū 잃어버리다
借 jiè 빌리다, 빌려주다
时间 shíjiān 시간
可是 kěshì 그러나
正在 zhèngzài ……하고 있다(진행과 지속을 표시)
打折 dǎ//zhé 할인하다
易买得 Yìmǎidé 이마트(emart)

제6과

生病 shēng//bìng 병이 나다
身体 shēntǐ 몸, 건강
有点儿 yǒudiǎnr 조금, 약간
舒服 shūfu 편안하다
发烧 fā//shāo 열이 나다
但是 dànshì 그러나

제7과

非常 fēicháng 무척, 굉장히
不要紧 bú yàojǐn 괜찮다, 문제 없다
要紧 yàojǐn 심하다, 심각하다

제8과

运动 yùndòng 운동; 운동하다
跑步 pǎo//bù 달리다, 조깅하다
游泳 yóu//yǒng 수영; 수영하다
打篮球 dǎ lánqiú 농구하다
打 dǎ (놀이 혹은 운동) 하다
篮球 lánqiú 농구
有时候 yǒushíhou 때로는
踢足球 tī zúqiú 축구하다
踢 tī (발로) 차다
足球 zúqiú 축구
次 cì 동작의 횟수를 세는 동량사. 번, 회
差不多 chàbuduō 대체로, 거의
西瓜 xīguā 수박
甜 tián 달다
还 hái 게다가, 더, 또
再 zài 다시, 더
给 gěi 주다
块 kuài 조각이나 덩어리 형태의 물건을 세는 양사. 조각, 덩어리

最近 zuìjìn 최근, 근래
好 hǎo 아주, 매우
心情 xīnqíng 기분
应该 yīnggāi (마땅히)……해야 한다
天天 tiāntiān 매일같이, 날마다

제9과

报告 bàogào 보고(서); 보고하다
饮食 yǐnshí 음식
文化 wénhuà 문화
南甜北咸 nántián běixián 남쪽 사람은 단 것, 북쪽 사람은 짠 것을 좋아한다
南 nán 남쪽
北 běi 북쪽
意思 yìsi 뜻, 의미
南方 nánfāng 남방
爱 ài ……하기를 좋아하다
北方 běifāng 북방
咸 xián 짜다
介绍 jièshào 소개하다
一下 yíxià 한번 ……하다, 한번 ……해보다
别的 biéde 다른 것
习惯 xíguàn 습관, 습성; 습관이 되다, 습성이 되다
问 wèn 묻다
猜 cāi 추리하다, 맞히다
炸酱面 zhájiàngmiàn 짜장면
容易 róngyì 쉽다
米饭 mǐfàn 쌀밥
面条(儿) miàntiáo(r) 국수
中国通 Zhōngguótōng 중국통

제10과

头发 tóufa 머리카락
长 cháng 길다
剪 jiǎn 자르다
短 duǎn 짧다
其实 qíshí 사실은
发型 fàxíng 머리 모양, 헤어 스타일
美发店 měifàdiàn 미용실
清楚 qīngchu 분명하다, 뚜렷하다

剪发 jiǎn//fà 머리카락을 자르다
帮 bāng 돕다
帮助 bāngzhù 돕다
听说 tīng//shuō 듣자하니, 들은 바에 의하면
不错 búcuò 훌륭하다, 좋다
带 dài 인솔하다

제11과

比赛 bǐsài 시합; 시합하다
开始 kāishǐ 시작하다
还 hái 아직
小吃 xiǎochī 군것질거리, 간식, 스낵
少不了 shǎo bu liǎo 빼놓을 수 없다
辣炒年糕 làchǎo niángāo 떡볶이
辣 là 맵다
炒 chǎo 볶다
年糕 niángāo 떡
韩式米肠 Hánshì mǐcháng 순대
炸鸡 zhájī 프라이드치킨
快要……了 kuàiyào……le 곧 ……할 것이다
加油 jiā//yóu 힘을 내다, 격려하다
队 duì 팀
棒 bàng 대단하다, 굉장하다
又 yòu 또
进 jìn 들어가다
球 qiú 공, 골
就要……了 jiùyào……le 곧 ……할 것이다
结束 jiéshù 끝나다, 마치다
比 bǐ (시합의 득점이) …… 대 ……이다
赢 yíng 이기다
精彩 jīngcǎi 뛰어나다, 훌륭하다
有意思 yǒuyìsi 재미있다
日本 Rìběn 일본

제12과

能 néng ……할 수 있다, ……해도 괜찮다
用 yòng 쓰다, 사용하다
笔 bǐ 펜
颜色 yánsè 색깔
黑 hēi 검은 색(의), 검다

蓝 lán 파란 색(의), 파랗다
红 hóng 빨간 색(의), 빨갛다
见 jiàn 보다, 보이다
英语 Yīngyǔ 영어
课本 kèběn 교과서
口语 kǒuyǔ 구어, 말하기
考 kǎo (시험을) 치르다
得 de 동사 혹은 형용사의 뒤에 쓰여서 결과보어 혹은 정도보어를 연결하는 역할을 하는 조사
考题 kǎotí 시험 문제
觉得 juéde ……라고 여기다, ……라고 생각하다
同学 tóngxué 동창, 동급생
一定 yídìng 반드시

제13과

校园 xiàoyuán 교정, 캠퍼스
安静 ānjìng 조용하다
像 xiàng 마치 ……와 같다, 닮다
学生 xuésheng 학생
准备 zhǔnbèi 준비하다
期末 qīmò 기말
图书馆 túshūguǎn 도서관
学期 xuéqī 학기
选 xuǎn 선택하다, 고르다
门 mén 과목을 세는 양사
课 kè 과목
连……都 lián……dōu (심지어)……조차도
好好儿 hǎohāor 잘, 충분히
终于 zhōngyú 마침내, 드디어
开心 kāixīn 유쾌하다, 즐겁다, 홀가분하다
假期 jiàqī 방학 기간, 휴가 기간
计划 jìhuà 계획; 계획하다
旅游 lǚyóu 여행; 여행하다
自助游 zìzhùyóu 배낭 여행, 자유 여행

제14과

例如 lìrú 예를 들다, 예를 들면
历史 lìshǐ 역사
等等 děngděng 기타, 등등
韩国通 Hánguótōng 한국통

기타

出生 chūshēng 태어나다, 출생하다
汽车 qìchē 자동차
晚 wǎn (시간적으로) 늦다
地铁 dìtiě 지하철
商店 shāngdiàn 상점
电视 diànshì 텔레비전
手 shǒu 손
房间 fángjiān 방
外边 wàibian 바깥쪽
努力 nǔlì 노력하다, 열심히 하다
送 sòng 주다, 선물하다
本 běn 책을 세는 양사. 권
打 dǎ (전화 따위를) 걸다
上海 Shànghǎi 상해, 상하이
上课 shàng//kè 수업하다
对话 duìhuà 대화
提到 tídào 언급하다
上个星期六 shàng ge xīngqīliù 지난 주 토요일
春节 Chūn Jié 설, 구정
地铁站 dìtiězhàn 지하철 역
公里 gōnglǐ 킬로미터(km)
聪明 cōngming 똑똑하다
可爱 kě'ài 귀엽다
宿舍 sùshè 기숙사
衣服 yīfu 옷
教室 jiàoshì 교실
干净 gānjìng 깨끗하다, 청결하다
美国人 Měiguórén 미국인
请问 qǐngwèn 잠깐 여쭙겠습니다, 실례합니다
晚饭 wǎnfàn 저녁밥, 저녁 식사
为什么 wèishénme 왜
咖啡厅 kāfēitīng 커피숍
贵 guì 비싸다
公共汽车站 gōnggòng qìchēzhàn 버스 정류장
长城 Chángchéng 만리장성
水 shuǐ 물
可乐 kělè 콜라
听 tīng 듣다
音乐 yīnyuè 음악
父母 fùmǔ 부모님

杯 bēi 컵에 담긴 음료를 세는 양사. 잔, 컵
牛奶 niúnǎi 우유
酒 jiǔ 술
火车 huǒchē 기차
公共汽车 gōnggòng qìchē 버스
洗手间 xǐshǒujiān 화장실
美国 Měiguó 미국
一直 yìzhí 곧장, 줄곧
上个星期 shàng ge xīngqī 지난 주
冷 lěng 춥다
头 tóu 머리
玩儿 wánr 놀다
电脑 diànnǎo 컴퓨터
大学 dàxué 대학교
早饭 zǎofàn 아침밥, 아침 식사
礼物 lǐwù 선물
火车站 huǒchēzhàn 기차역
电影院 diànyǐngyuàn 영화관
只 zhī 동물을 세는 양사. 마리
日语 Rìyǔ 일본어
慢 màn 느리다
蛋糕 dàngāo 케이크
洗 xǐ 씻다
年 nián 년, 해
件 jiàn 옷을 세는 양사. 벌
哭 kū 울다
当然 dāngrán 당연히, 물론
出发 chūfā 출발하다
生词 shēngcí 새 단어
冬天 dōngtiān 겨울
一般来说 yìbān láishuō 일반적으로 말해서
山东 Shāndōng 산동
山西 Shānxī 산서
酸 suān 시다
第一次 dì yī cì 첫 번째
过 guò 지내다
声音 shēngyīn 소리
张 zhāng 종이 등을 세는 양사. 장
饿 è 배고프다
肚子 dùzi (인체의) 배
长发 chángfà 장발

短发 duǎnfà 단발
错 cuò 틀리다
春天 chūntiān 봄
生活 shēnghuó 생활
孩子 háizi 아이, 어린이
马上 mǎshang 곧, 즉시
下课 xià//kè 수업을 마치다
别人 biérén 다른 사람
解决 jiějué 해결하다
完成 wánchéng 완성하다
任务 rènwu 임무
抽烟 chōu//yān 담배를 피우다
公园 gōngyuán 공원
湖 hú 호수
女生 nǚshēng 여학생
白 bái 하얀 색(의), 하얗다
纸 zhǐ 종이
跑 pǎo 달리다
汉字 Hànzì 한자
短信 duǎnxìn 문자 메시지
红色 hóngsè 빨간색
蓝色 lánsè 파란색
黑色 hēisè 검은색
支 zhī 가늘고 기다란 물건을 세는 양사
明白 míngbai 명확하다, 분명하다
话 huà 말, 이야기
小孩子 xiǎoháizi 아이, 꼬마
好久 hǎojiǔ (시간이) 오래다
见面 jiàn//miàn 만나다
期中考试 qīzhōng kǎo shì 중간고사
口试 kǒushì 구술 시험
面试 miànshì 면접 시험
小测验 xiǎocèyàn 퀴즈
句 jù 문장 혹은 시(詩)의 구절을 세는 양사
结婚 jié//hūn 결혼하다
教 jiāo 가르치다
夏天 xiàtiān 여름

MEMO

완<small>전</small>성<small>공</small>
중국어

김준헌 · 왕혜경 공저

워크북

워크북의 MP3와 모범 답안은 시사중국어사 홈페이지
(www.sisabooks.com)에서 다운로드 하실 수 있습니다.

2
Step

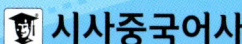

1 你昨天几点睡觉的? Nǐ zuótiān jǐ diǎn shuì jiào de?

一. 발음 다지기 코너

1 발음과 성조에 주의하며, 녹음을 따라 읽어보시오.

(1) biāobīng běibù biànbié
  bēnbō biànbù bīngbiàn

(2) pópo pīpíng pǐpèi
  pǐnpíng pīngpāng piānpiān

2 녹음을 듣고 성조 기호를 쓰시오.

(1) pubu (2) hutu (3) tushu
(4) gudu (5) chuzu (6) turan
(7) chulu (8) fuzhu (9) huzhu
(10) chulu (11) yuyi (12) xuxu
(13) xuqu (14) jujue (15) yuju

二. 듣기 다지기 코너

1 녹음의 시각을 잘 듣고 시계에 표시된 시각과 맞으면 'O', 틀리면 'X'를 시계의 아래에 표시하시오.

(1)  (2)  (3)

( ) ( ) ( )

(4)  (5)  (6)

( ) ( ) ( )

2 리리가 자신의 취침 시각을 말합니다. 잘 듣고 요일별로 리리의 취침 시각을 표시하고, 리리가 제일 빨리 잠자리에 드는 요일과 제일 늦게 잠자리에 드는 요일을 쓰시오.

(1)

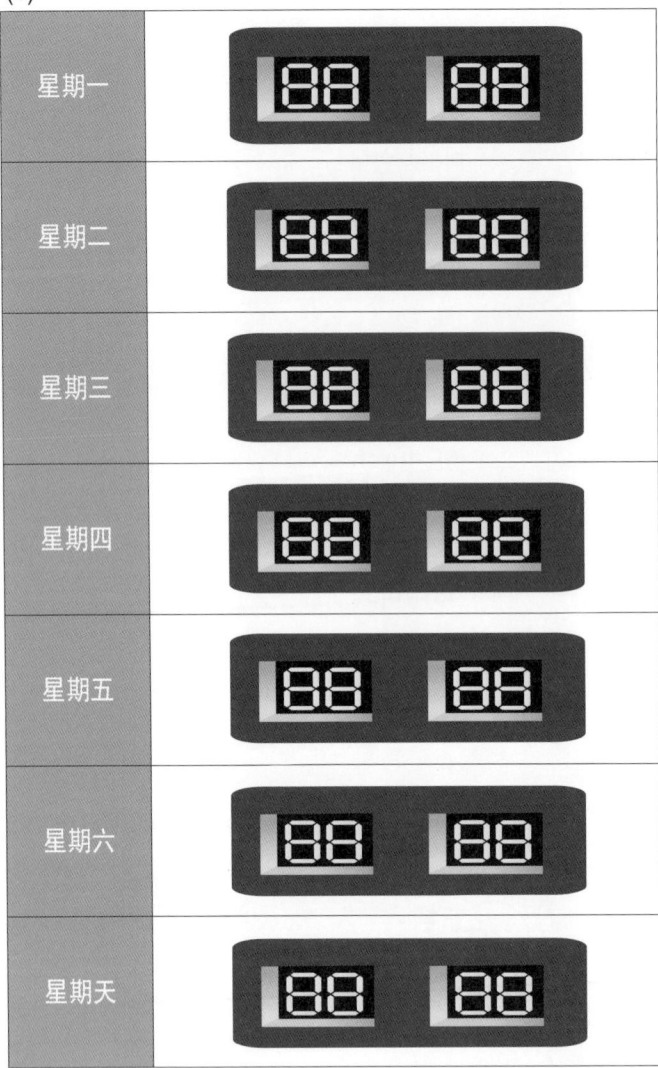

(2)

제일 빨리 잠자리에 드는 요일:

제일 늦게 잠자리에 드는 요일:

三. 단어 다지기 코너

중국어	한어병음	한국어 뜻
睡觉		(잠을) 자다
差		부족하다, 모자르다
凌晨		새벽, 동틀 무렵
	yùxí	예습; 예습하다
小时	xiǎoshí	
复习	fùxí	
每天		매일
分钟	fēnzhōng	
	dōu	모두

四. 한자 다지기 코너

1 아래 간체자를 따라 쓰시오.

睡 shuì	睡	睡				
觉 jiào	觉	觉				
凌 líng	凌	凌				
晨 chén	晨	晨				
预 yù	预	预				

床 chuáng	床	床				
办 bàn	办	办				
法 fǎ	法	法				
差 chà	差	差				
刻 kè	刻	刻				
新 xīn	新	新				
旧 jiù	旧	旧				

2 중국어 문장을 따라 쓰시오.

你昨天几点睡觉的? _____

你今天几点起的床? _____

你怎么只睡了四个小时? _____

现在已经差五分八点了。_____

休息一会儿吧。_____

我每天晚上都预习新课、复习旧课。

_____

2 学校里有一个邮局。 Xuéxiào li yǒu yí ge yóujú.

一. 발음 다지기 코너

1 발음과 성조에 주의하며, 녹음을 따라 읽어보시오.

   (1) mímàn   mángmù   mìmì   máimò

         màomì   míngmù   miànmù   měimèng

   (2) fēifǎ   fēnfù   fūfù   fēnfēi

         fǎngfú   fēifán   fǎnfù   fēngfù

2 녹음을 듣고 성조 기호를 쓰시오.

   (1) zici   (2) zisi   (3) si ci

   (4) cizi   (5) zhishi   (6) shishi

   (7) zhichi   (8) shizhi   (9) zhishi

   (10) shishi   (11) zhizhi   (12) shishi

   (13) Beifei   (14) feimei   (15) beilei

二. 듣기 다지기 코너

1 대학교의 캠퍼스가 보입니다. 캠퍼스의 안을 'A', 바깥을 'B', 담장을 'C'라고 할 때, 녹음에서 '里'라고 하면 'A', '外'라고 하면 'B', '边'이라고 하면 'C'라고 표기하시오.

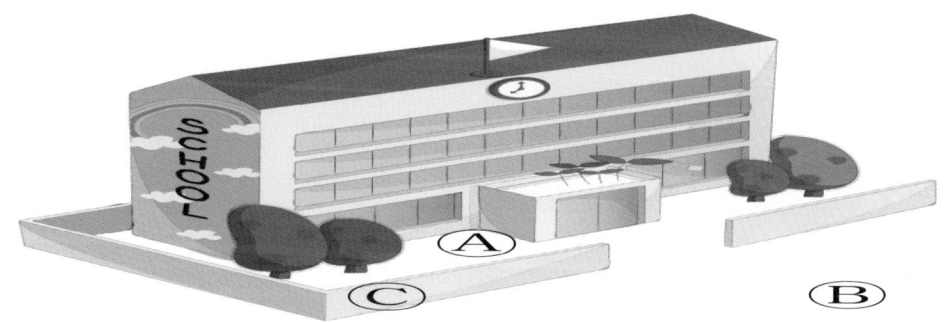

(1) _____ (2) _____ (3) _____ (4) _____ (5) _____

(6) _____ (7) _____ (8) _____ (9) _____ (10) _____

2 교차로의 각 위치에 번호가 보입니다. '我'가 내가 현재 있는 곳이라고 할 때, 우체국이 있는 위치를 번호로 표시하시오.

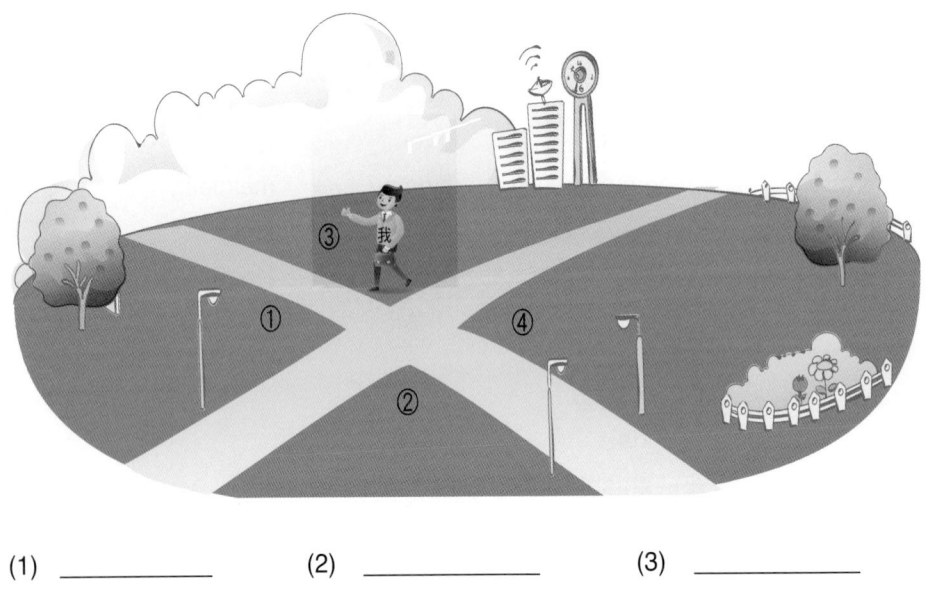

(1) _____ (2) _____ (3) _____

3 '我'가 지금 내가 있는 위치입니다. 학교와 우체국의 위치 관계가 맞으면 'O', 틀리면 'X'를 표시하시오.

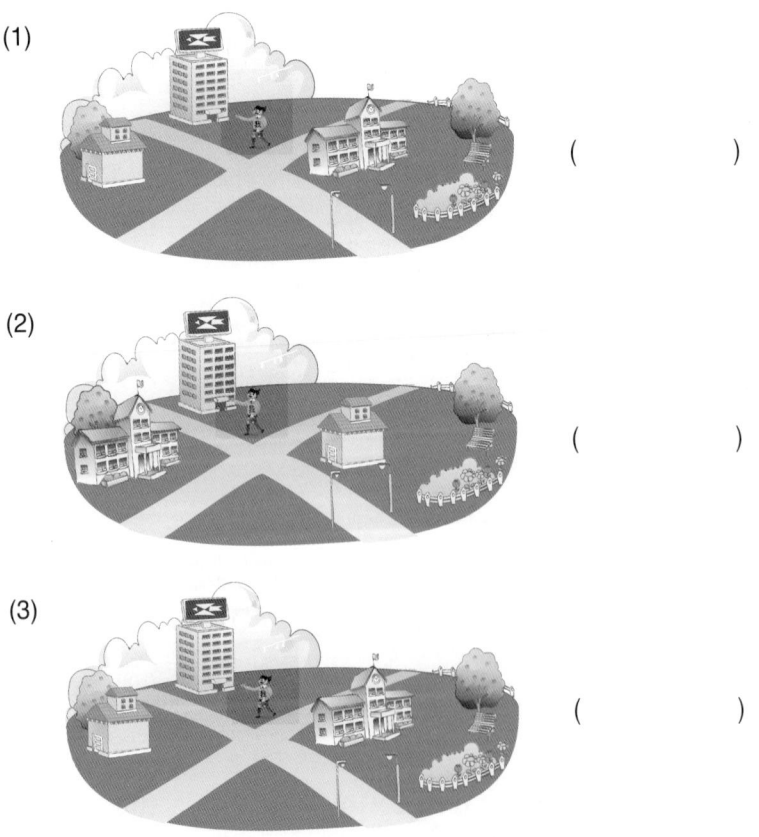

(1) (　　　)

(2) (　　　)

(3) (　　　)

三. 단어 다지기 코너

중국어	한어병음	한국어 뜻
	lǐ	안, 속
看见	kànjiàn	
寄		(우편물 따위를) 부치다, 보내다
	jìniàn	기념; 기념하다
咱们		우리
	yòubian	오른쪽
给		~에게
要	yào	
邮局		우체국

四. 한자 다지기 코너

1 아래 간체자를 따라 쓰시오.

邮 yóu	邮	邮				
局 jú	局	局				
右 yòu	右	右				
边 biān	边	边				
咱 zán	咱	咱				

❷ 学校里有一个邮局。 Xuéxiào li yǒu yí ge yóujú.

寄 jì	寄	寄				
给 gěi	给	给				
封 fēng	封	封				
纪 jì	纪	纪				
念 niàn	念	念				
写 xiě	写	写				
发 fā	发	发				

2 중국어 문장을 따라 쓰시오.

学校里有没有邮局? _____

邮局就在校门口右边的大楼里呀。

_____

我常给爸爸妈妈写信。 _____

我每天晚上都给他们发电子邮件。

_____

你真是个好女儿。 _____

3 银行离这儿不远。 Yínháng lí zhèr bù yuǎn.

一. 발음 다지기 코너

1 발음과 성조에 주의하며, 녹음을 따라 읽어보시오.

(1) zìzai   zǔzōng   zìzūn   zōngzú
     zǎizi   zuìzé   zìzé   zǒngzé

(2) cāicè   cǎocóng   cuīcù   cóngcǐ
     cūcāo   cāngcù   cōngcōng   céngcì

2 녹음을 듣고 성조 기호를 쓰시오.

(1) erzi   (2) erqie   (3) erduo
(4) fan'er   (5) ertong   (6) erhu
(7) baogao   (8) taopao   (9) gaokao
(10) haozhao   (11) laodao   (12) caolao
(13) laobao   (14) zaocao   (15) baodao

二. 듣기 다지기 코너

1 아래 그림을 보고, 녹음 내용이 맞으면 '○', 틀리면 'X'를 표시하시오.

(1) (   )   (2) (   )   (3) (   )   (4) (   )   (5) (   )

2 '我'가 지금 내가 서 있는 위치입니다. 녹음을 잘 듣고 우리집으로 돌아가려면 교차로에서 어느 방향으로 가야 할지 화살표로 표시하시오.

(1)

(2)

(3)

(4)

三. 단어 다지기 코너

중국어	한어병음	한국어 뜻
走		(떠나)가다, 걷다
换	huàn	
	lí	~에서, ~으로부터
近	jìn	
	dào	도착하다
向		~쪽으로
拐	guǎi	
	piányi	(가격이) 싸다
十字路口	shízì lùkǒu	

四. 한자 다지기 코너

1 아래 간체자를 따라 쓰시오.

银 yín	银	银				
行 háng	行	行				
换 huàn	换	换				
走 zǒu	走	走				
离 lí	离	离				

3 银行离这儿不远。 Yínháng lí zhèr bù yuǎn.

到 dào	到	到				
路 lù	路	路				
向 xiàng	向	向				
左 zuǒ	左	左				
拐 guǎi	拐	拐				
食 shí	食	食				
堂 táng	堂	堂				

2 중국어 문장을 따라 쓰시오.

我要去银行换钱。

银行离这儿近吗?

怎么走呢?

到前边的十字路口向左拐就是银行。

你平时去哪儿吃午饭?

那儿的菜又便宜又好吃。

4 今天上午有课还是下午有课?
Jīntiān shàngwǔ yǒu kè háishi xiàwǔ yǒu kè?

一. 발음 다지기 코너

1 발음과 성조에 주의하며, 녹음을 따라 읽어보시오.

(1) sīsuǒ　　　　sōusuì　　　　sōngsǎn　　　　sèsù
　　suǒsuì　　　　sùsòng　　　　sānsī　　　　　sēngsú

(2) dédào　　　　dàodǐ　　　　dāndāng　　　　dádào
　　děngdài　　　dúdǎ　　　　duàndìng　　　dāngdì

2 녹음을 듣고 성조 기호를 쓰시오.

(1) zhoubian　　(2) houtou　　　(3) choulou
(4) loudou　　　(5) shougou　　 (6) koutou
(7) kou tou　　 (8) zoulou　　　(9) doukou
(10) doushou　 (11) jiajia　　　(12) jia jia
(13) xiajia　　 (14) qiaqia　　 (15) jiaya

二. 듣기 다지기 코너

1 다음은 왕리리의 수업 시간표입니다. 녹음을 잘 듣고 내용이 맞으면 'O', 틀리면 'X'를 표시하시오.

시간		星期一	星期二	星期三	星期四	星期五	星期六	星期天
上午	1		■					
	2	■	■					
	3	■	■			■		
下午	4		■			■		
	5		■		■	■		
	6				■			

(1) (　　) (2) (　　) (3) (　　) (4) (　　) (5) (　　)

(6) (　　) (7) (　　) (8) (　　) (9) (　　)

2 녹음을 잘 듣고 내가 하는 일에 'o'를 표시하시오.

(1)

(   )   (   )   (   )   (   )

(2)

(   )   (   )   (   )   (   )

(3)

(   )   (   )   (   )   (   )

三. 단어 다지기 코너

중국어	한어병음	한국어 뜻
演员		배우
上网	shàng wǎng	
	xiàwǔ	오후
书	shū	
	liáo tiān	한담하다, 잡담을 나누다
从		~에서, ~으로부터
	diànyǐng	영화
香港		홍콩
到	dào	

四. 한자 다지기 코너

1 아래 간체자를 따라 쓰시오.

课 kè	课	课			
从 cóng	从	从			
到 dào	到	到			
节 jié	节	节			
书 shū	书	书			

或 huò	或	或				
者 zhě	者	者				
网 wǎng	网	网				
聊 liáo	聊	聊				
影 yǐng	影	影				
演 yǎn	演	演				
员 yuán	员	员				

2 중국어 문장을 따라 쓰시오.

你今天有课吗? _____

你周末都做些什么? _____

我从周一到周五每天都有课。_____

我周末看书或者上网聊天。_____

我想请你看电影。_____

你想看中国电影还是想看韩国电影?

_____

5 吃了午饭就去易买得。 Chī le wǔfàn jiù qù Yìmǎidé.

一. 발음 다지기 코너

1 발음과 성조에 주의하며, 녹음을 따라 읽어보시오. 🌼13

(1) téngtòng　　tàitai　　tuántǐ　　tàntǎo
　　táotài　　tuǒtiē　　tōutīng　　tǐtiē

(2) lǐlùn　　lìliàng　　liúliàn　　lánlǐng
　　liúlì　　lúnliú　　lúnlǐ　　liàolǐ

2 녹음을 듣고 성조 기호를 쓰시오. 🌼14

(1) tieqie　　(2) jie ye　　(3) jiejie
(4) tie xie　　(5) jielie　　(6) hua wa
(7) gua hua　　(8) gua hua　　(9) wawa
(10) shua hua　　(11) duo shuo　　(12) zhuoluo
(13) guocuo　　(14) duosuo　　(15) cuotuo

二. 듣기 다지기 코너 🌼15

1 녹음을 잘 듣고 올바른 개수만큼 선으로 묶으시오.

(1)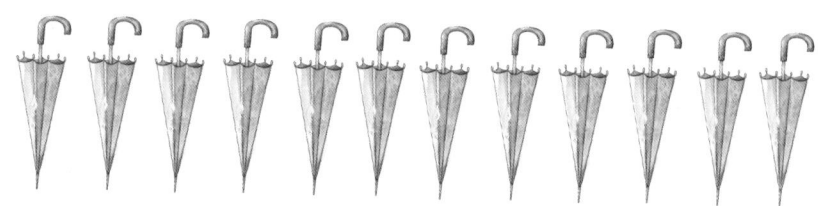

(2)

(3)

(4)

(5)

2 녹음을 듣고 말하고 있는 시점의 날씨에 해당하는 그림을 골라 보시오.

A    B    C

(1) _____   (2) _____   (3) _____   (4) _____

三. 단어 다지기 코너

중국어	한어병음	한국어 뜻
	huì	~할 가능성이 있다, ~할 것이다
天气	tiānqì	
	xiǎoyǔ	가랑비
丢		잃어버리다
带	dài	
	jiè	빌리다, 빌려주다
可是	kěshì	
打折		할인하다
预报		예보; 예보하다

四. 한자 다지기 코너

1 아래 간체자를 따라 쓰시오.

气 qì	气	气				
阴 yīn	阴	阴				
报 bào	报	报				
带 dài	带	带				
把 bǎ	把	把				

5 吃了午饭就去易买得。 Chī le wǔfàn jiù qù Yìmǎidé.

丢 diū	丢	丢				
借 jiè	借	借				
间 jiān	间	间				
正 zhèng	正	正				
折 zhé	折	折				
易 yì	易	易				
得 dé	得	得				

2 중국어 문장을 따라 쓰시오.

天气预报说今天会有小雨。

_____

我的雨伞前天丢了。_____

我给你借一把雨伞。_____

今天下午你有时间吗？_____

你找我有事儿吗？_____

咱们吃了午饭就去吧。_____

6 我身体有点儿不舒服。 Wǒ shēntǐ yǒudiǎnr bù shūfu.

一. 발음 다지기 코너

1 발음과 성조에 주의하며, 녹음을 따라 읽어보시오. 🔊16

(1) zhuāngzhòng　　zhìzhǐ　　　zhànzhù　　zhùzhòng
　　zhēnzhèng　　　zhèngzhì　　zhùzhái　　zhuīzhú

(2) Chángchūn　　　chūchù　　　chángchù　　Chángchéng
　　chúnchǐ　　　　chōuchá　　 chuánchǎng　chuánchū

2 녹음을 듣고 성조 기호를 쓰시오. 🔊17

(1) yuelüe　　　(2) que yue　　(3) miaotiao
(4) jiaotiao　　(5) jiaoxiao　　(6) qiaomiao
(7) xiaoyao　　(8) niuyou　　　(9) youjiu
(10) youxiu　　(11) xiuqiu　　(12) jiujiu
(13) guaiguai　(14) huiwei　　(15) chuiwei

二. 듣기 다지기 코너 🔊18

1 녹음을 잘 듣고 아프다고 하는 부위에 순서대로 번호를 기입하시오.

头 tóu （　　　）

耳朵 ěrduo （　　　）

眼睛 yǎnjing （　　　）

嘴 zuǐ （　　　）

鼻子 bízi （　　　）

手 shǒu （　　　）

肚子 dùzi （　　　）

脚 jiǎo （　　　）

2 녹음을 잘 듣고 아픈 부위에는 'O', 괜찮은 부위에는 'X'를 표시하시오.

头 tóu

耳朵 ěrduo

眼睛 yǎnjing

嘴 zuǐ

鼻子 bízi

手 shǒu

肚子 dùzi

脚 jiǎo

头 tóu   (   )

眼睛 yǎnjing   (   )

耳朵 ěrduo   (   )

鼻子 bízi   (   )

嘴 zuǐ   (   )

手 shǒu   (   )

肚子 dùzi   (   )

脚 jiǎo   (   )

三. 단어 다지기 코너

중국어	한어병음	한국어 뜻
身体	shēntǐ	
累		지치다, 피곤하다
疼	téng	
发烧		열이 나다
但是	dànshì	
	shūfu	편안하다
生病		병이 나다
大夫		의사
考试	kǎo shì	

四. 한자 다지기 코너

1 아래 간체자를 따라 쓰시오.

病 bìng	病	病				
体 tǐ	体	体				
舒 shū	舒	舒				
服 fú	服	服				
烧 shāo	烧	烧				

6 我身体有点儿不舒服。　Wǒ shēntǐ yǒudiǎnr bù shūfu.

眼 yǎn	眼	眼				
睛 jīng	睛	睛				
疼 téng	疼	疼				
为 wèi	为	为				
所 suǒ	所	所				
以 yǐ	以	以				
累 lèi	累	累				

2 중국어 문장을 따라 쓰시오.

你怎么了? _____

你哪儿不舒服? _____

你好一点儿了吗? _____

我身体有点儿不舒服。_____

因为这几天考试，所以你太累了。

_____

我可以休息了。_____

8 我一个星期打一次篮球。
Wǒ yí ge xīngqī dǎ yí cì lánqiú.

一. 발음 다지기 코너

1 발음과 성조에 주의하며, 녹음을 따라 읽어보시오. 🎧19

(1) Huáhua hé Hónghong yǒu liǎng duǒ huáng huā.

(2) Huǒhóng de tàiyang tiào chū le hǎimiàn.

(3) Hēiyún hé hóngxiá fēnbù zài tiānbiān.

(4) Huánghé de héshuǐ hěn húnzhuó.

2 녹음을 듣고 성모 부분을 채우시오. 🎧20

(1) _____ì _____ang

(2) _____ù _____i

(3) _____ǎo _____ǔ

(4) _____óng _____ín

(5) _____í _____iǔ

(6) _____ǒu _____iǎo

(7) _____áo _____īn

(8) _____í _____i

(9) _____àn _____ǎn

(10) _____íng _____uǒ

二. 듣기 다지기 코너

아래 일과표를 참고하여 녹음의 내용이 맞으면 'O', 틀리면 'X'를 표시하시오.

星期一	星期二	星期三	星期四	星期五	星期六	星期天
🏀 ⚽		🏀	🏀	⚽	🏀	⚽ 🏀

(1) (   )

(2) (   )

(3) (   )

(4) (   )

(5) (   )

(6) (   )

(7) (   )

(8) (   )

(9) (   )

三. 단어 다지기 코너

중국어	한어병음	한국어 뜻
差不多		대체로, 거의
最近		최근, 근래
天天	tiāntiān	
	yǒushíhou	때로는
应该	yīnggāi	
游泳		수영; 수영하다
心情	xīnqíng	
	cì	동작의 횟수를 세는 동량사. 번, 회
	tī	(발로) 차다

四. 한자 다지기 코너

1 아래 간체자를 따라 쓰시오.

运 yùn	运	运				
动 dòng	动	动				
跑 pǎo	跑	跑				
步 bù	步	步				
游 yóu	游	游				

泳 yǒng	泳	泳				
球 qiú	球	球				
踢 tī	踢	踢				
瓜 guā	瓜	瓜				
甜 tián	甜	甜				
应 yīng	应	应				
该 gāi	该	该				

2 중국어 문장을 따라 쓰시오.

你平时做运动吗? _____

你一个星期打几次篮球? _____

我每天早上去跑步。 _____

我有时候踢足球。 _____

你再给我一块吧。 _____

我吃了甜甜的西瓜，心情好了点儿。

_____

9 你已经是中国通了。 Nǐ yǐjing shì Zhōngguótōng le.

一. 발음 다지기 코너

1 발음과 성조에 주의하며, 녹음을 따라 읽어보시오. 22

(1) Xiǎo Sū hé Lǎo Qí zǒu zài dàjiēshang.

(2) Xiè xiàozhǎng qīnzì qù Běijīng.

(3) Jǐnán de dōngtiān jīngcháng xià diǎnr xiǎoxuě.

(4) Tā yòng zìjǐ de shǒu fǔmō zhe zìjǐ de jiānbǎng.

2 녹음을 듣고 성모 부분을 채우시오. 23

(1) ____ū ____ài

(2) ____èn ____ān

(3) ____iàn ____āng

(4) ____ào ____i

(5) ____ì ____ē

(6) ____ī ____ī

(7) ____ūn ____iān

(8) ____ōng ____uán

(9) ____āi ____uǐ

(10) ____iàn ____ěn

二. 듣기 다지기 코너

1 녹음을 잘 듣고 좋아하는 음식에는 'ㅇ', 싫어하는 음식에는 'X', 먹어본 적이 있는 음식에는 '△'를 표시하시오.

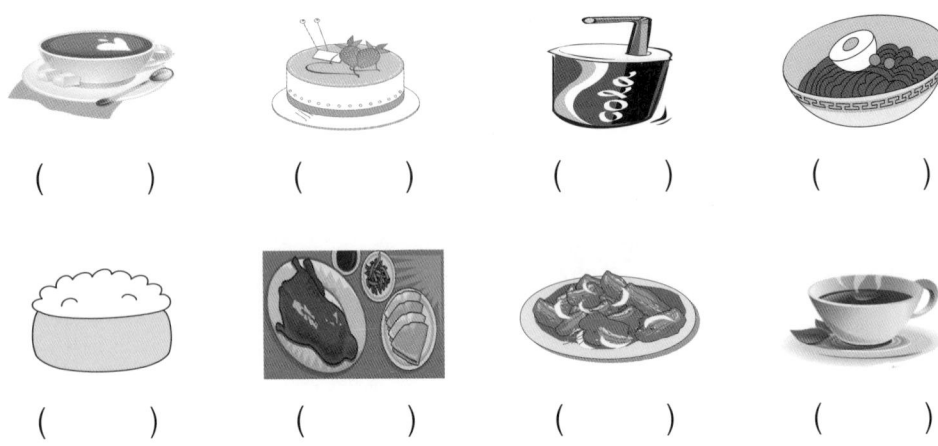

( )   ( )   ( )   ( )

( )   ( )   ( )   ( )

2 가족마다 냉장고에 자기가 좋아하는 음식을 넣어두는 칸이 있다. 녹음을 잘 듣고 칸과 사람을 연결하시오.

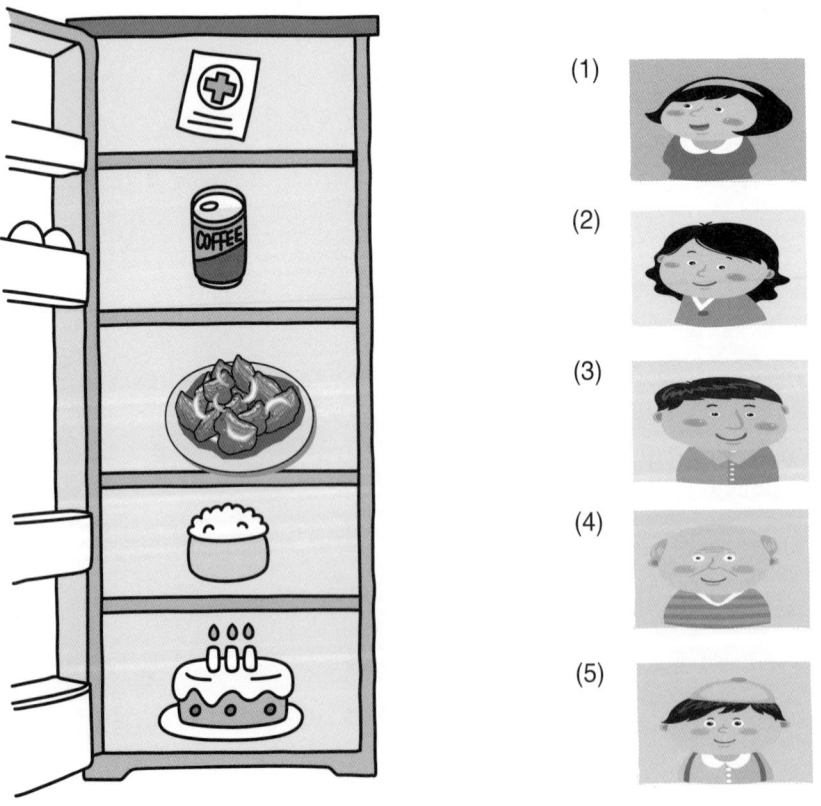

(1)

(2)

(3)

(4)

(5)

三. 단어 다지기 코너

중국어	한어병음	한국어 뜻
报告		보고(서); 보고하다
	yìsi	뜻, 의미
介绍	jièshào	
习惯		습관, 습성; 습관이 되다, 습성이 되다
	róngyì	쉽다
	miàntiáo(r)	국수
北方		북방
	wénhuà	문화
别的	biéde	

四. 한자 다지기 코너

1 아래 간체자를 따라 쓰시오.

饮 yǐn	饮	饮					
咸 xián	咸	咸					
意 yì	意	意					
爱 ài	爱	爱					
介 jiè	介	介					

绍 shào	绍	绍				
别 bié	别	别				
惯 guàn	惯	惯				
猜 cāi	猜	猜				
炸 zhá	炸	炸				
酱 jiàng	酱	酱				
面 miàn	面	面				

2 중국어 문장을 따라 쓰시오.

那是什么意思?

你再给我介绍一下别的饮食习惯，好吗?

你要问什么问题?

我先问你一个问题。

你猜一下吧。

你已经是中国通了。

10 你的头发一点儿也不长。
Nǐ de tóufa yìdiǎnr yě bù cháng.

一. 발음 다지기 코너

1 발음과 성조에 주의하며, 녹음을 따라 읽어보시오. 🎧25

(1) Tā gǎnshòu chūnfēng chuīfú zhe tā de liǎn.
(2) Fùmǔ hěn zhīchí wǒ lái Zhōngguó kàn Chángchéng.
(3) Shēng rú xià huā zhī cànlàn, sǐ rú qiū yè zhī jìngměi.
(4) Háizi xiě zì de zīshì shì cuòwu de.

2 녹음을 듣고 성모 부분을 채우시오. 🎧26

(1) ____īn ____uè

(2) ____á ____ì

(3) ____ān ____uān

(4) ____iāo ____ǔn

(5) ____ié ____i

(6) ____iàn ____ī

(7) ____àng ____īn

(8) ____án ____ià

(9) ____uān ____è

(10) ____iōng ____ì

二. 듣기 다지기 코너

1 녹음을 잘 듣고 둘 중 해당하는 쪽에 'ㅇ'를 표시하시오.

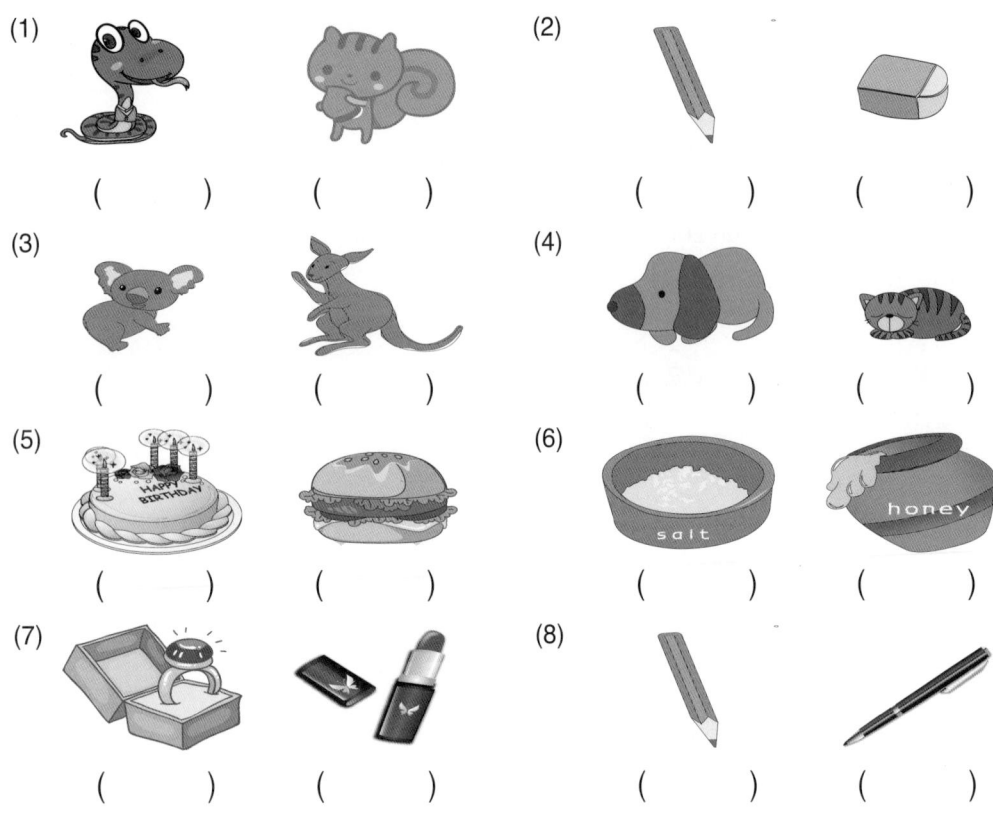

2 녹음을 잘 듣고 둘 중 해당하는 쪽에 'ㅇ'를 표시하시오.

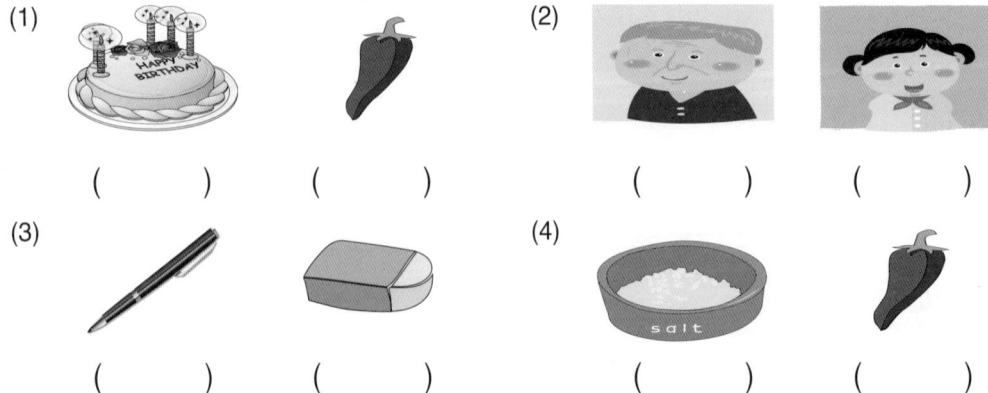

三. 단어 다지기 코너

중국어	한어병음	한국어 뜻
	tóufa	머리카락
发型		머리 모양, 헤어 스타일
长	cháng	
	duǎn	짧다
其实		사실은
	jiǎn	자르다
清楚	qīngchu	
	bāng	돕다
听说		듣자하니, 들은 바에 의하면

四. 한자 다지기 코너

1 아래 간체자를 따라 쓰시오.

头 tóu	头	头					
长 cháng	长	长					
剪 jiǎn	剪	剪					
短 duǎn	短	短					
其 qí	其	其					

10 你的头发一点儿也不长。 Nǐ de tóufa yìdiǎnr yě bù cháng.

实 shí	实	实				
型 xíng	型	型				
美 měi	美	美				
清 qīng	清	清				
楚 chǔ	楚	楚				
帮 bāng	帮	帮				
错 cuò	错	错				

2 중국어 문장을 따라 쓰시오.

你的头发长什么。

你的头发一点儿也不长。

其实，我也很想换一个发型。

你帮我们介绍一家美发店吧。

听说很不错。

你带我们去吧。

11 足球比赛快要开始了。 Zúqiú bǐsài kuàiyào kāishǐ le.

一. 발음 다지기 코너

1 발음과 성조에 주의하며, 녹음을 따라 읽어보시오. 28

(1) Tā pànwàng xiǎo huǒbànr zǎodiǎnr lái.

(2) Huópo de Mǎlì xǐhuan tīng guǎngbō.

(3) Tùzi chībǎo dùzi jiù pǎo le.

(4) Dāngxīn rètāng, tàng le zuǐ.

2 녹음을 듣고 성모 부분을 채우시오. 29

(1) _____ uàn _____ àng

(2) _____ iú _____ én

(3) _____ āng _____ iàn

(4) _____ uàn _____ ì

(5) _____ áo _____ í

(6) _____ ào _____ iàng

(7) _____ ān _____ ìng

(8) _____ àng _____ ān

(9) _____ uán _____ uó

(10) _____ ēng _____ iào

二. 듣기 다지기 코너

1 녹음의 내용과 일치하는 그림을 골라 보시오.

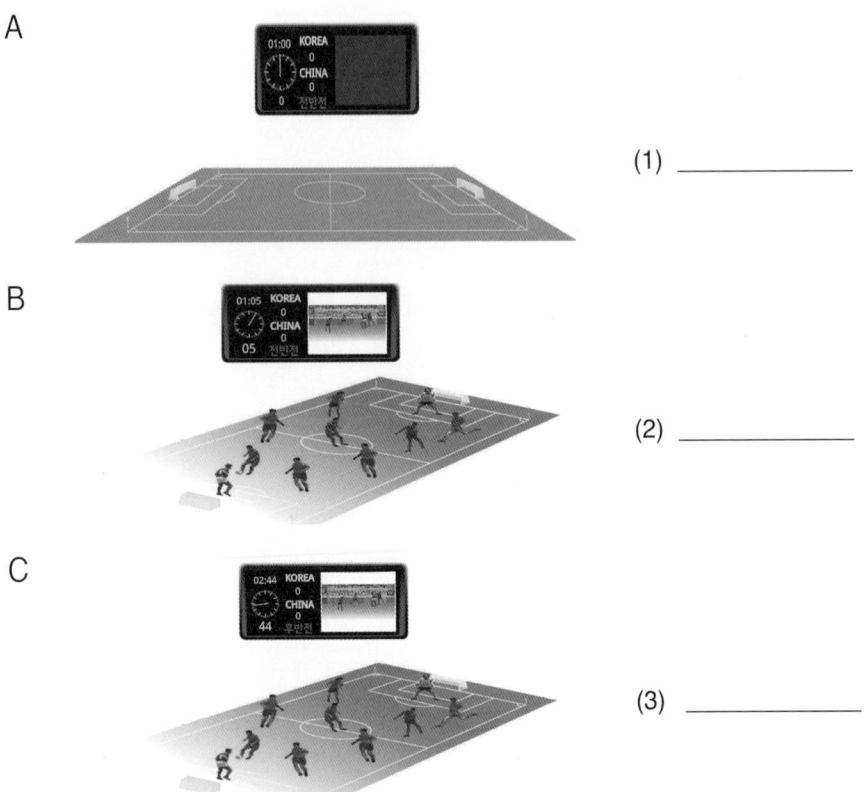

(1) _____

(2) _____

(3) _____

2 녹음을 잘 듣고, 최종 스코어를 적어 넣으시오.

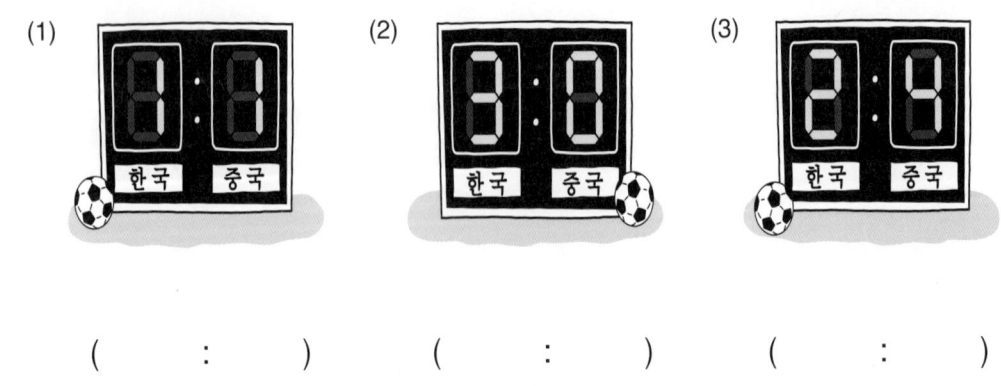

(:   )   (:   )   (:   )

三. 단어 다지기 코너

중국어	한어병음	한국어 뜻
	kāishǐ	시작하다
小吃	xiǎochī	
辣		맵다
	chǎo	볶다
加油	jiāyóu	
结束		끝나다, 마치다
赢	yíng	
	jīngcǎi	뛰어나다, 훌륭하다
有意思		재미있다

四. 한자 다지기 코너

1 아래 간체자를 따라 쓰시오.

赛 sài	赛	赛					
辣 là	辣	辣					
炒 chǎo	炒	炒					
糕 gāo	糕	糕					
肠 cháng	肠	肠					

⑪ 足球比赛快要开始了。 Zúqiú bǐsài kuàiyào kāishǐ le.

鸡 jī	鸡	鸡				
油 yóu	油	油				
队 duì	队	队				
结 jié	结	结				
束 shù	束	束				
赢 yíng	赢	赢				
精 jīng	精	精				

2 중국어 문장을 따라 쓰시오.

比赛开始了吗? _____

比赛还没开始呢。_____

比赛快要开始了。_____

韩国人看比赛，少不了小吃。

_____

还有三分钟就要结束了。_____

今天的比赛太有意思了。_____

12 英语考试考得怎么样?
Yīngyǔ kǎo shì kǎo de zěnmeyàng?

一. 발음 다지기 코너

1 발음과 성조에 주의하며, 녹음을 따라 읽어보시오. 🎧31

(1) Gōngyù yǒu fángzi chūzū.

(2) Chūzūchē sījī wǒ jiào tā shīfu.

(3) Yǔ hòu lùshang bùmǎn nínìng.

(4) Shūshu shǔ shǔ, gūgu shǔ hǔ, wǒ shǔ zhū.

2 녹음을 듣고 성모 부분을 채우시오. 🎧32

(1) ____īng ____ǐ

(2) ____uí ____iàn

(3) ____ái ____īn

(4) ____ián ____īng

(5) ____uài ____ān

(6) ____ū ____ià

(7) ____īng ____áng

(8) ____èn ____ēn

(9) ____í ____àng

(10) ____āo ____ēi

二. 듣기 다지기 코너

1 녹음을 잘 듣고 둘 중 해당하는 쪽에 'ㅇ'를 표시하시오.

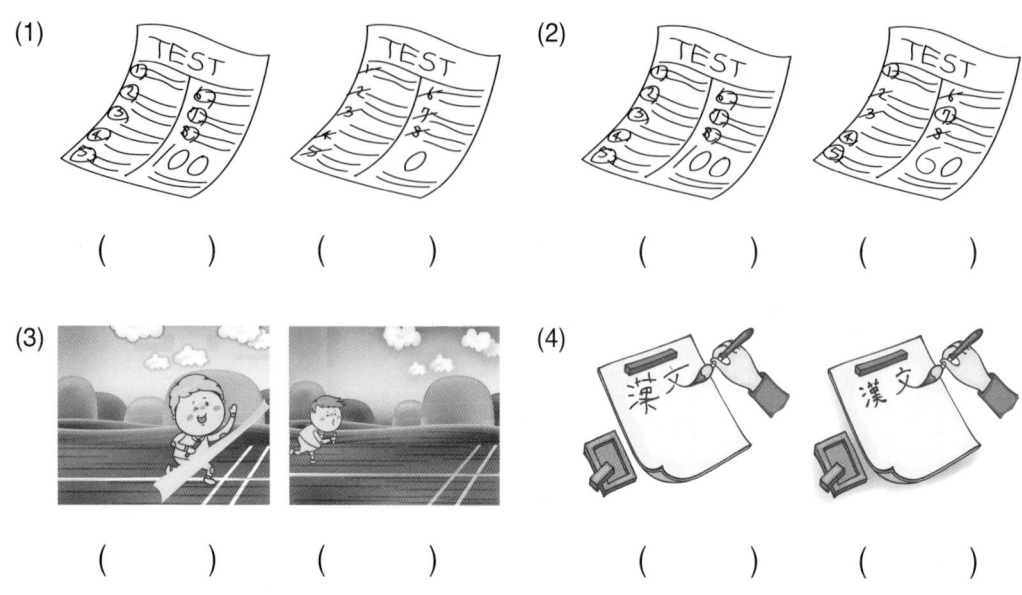

(1) ( )   ( )   (2) ( )   ( )

(3) ( )   ( )   (4) ( )   ( )

2 녹음을 잘 듣고 물건이 있는 장소에 'ㅇ'를 표시하시오.

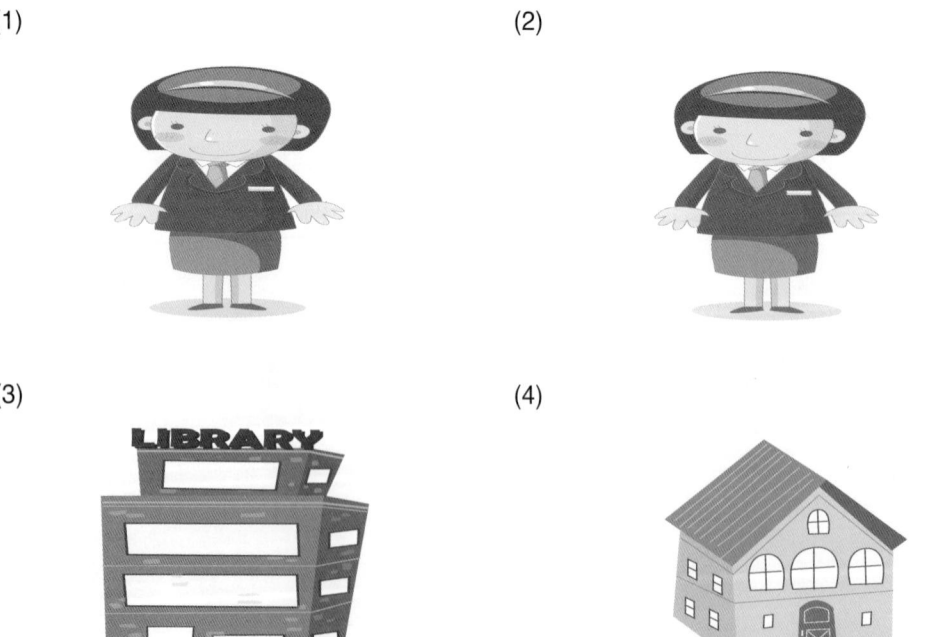

三. 단어 다지기 코너

중국어	한어병음	한국어 뜻
能		~할 수 있다, ~해도 괜찮다
黑	hēi	
	lán	파란 색(의), 파랗다
红		빨간 색(의), 빨갛다
	yánsè	색깔
笔	bǐ	
	yòng	쓰다, 사용하다
觉得	juéde	
一定		반드시

四. 한자 다지기 코너

1 아래 간체자를 따라 쓰시오.

用 yòng	用	用					
笔 bǐ	笔	笔					
颜 yán	颜	颜					
色 sè	色	色					
黑 hēi	黑	黑					

蓝 lán	蓝	蓝				
红 hóng	红	红				
英 yīng	英	英				
语 yǔ	语	语				
考 kǎo	考	考				
题 tí	题	题				
定 dìng	定	定				

2 중국어 문장을 따라 쓰시오.

我能用一下你的笔吗? _____

你现在看的是什么书? _____

英语考试考得怎么样? _____

考题难吗? _____

我的红笔不见了。_____

我觉得很难。_____

13 校园这几天安安静静的。
Xiàoyuán zhè jǐ tiān ānanjìngjìng de.

一. 발음 다지기 코너

1 발음과 성조에 주의하며, 녹음을 따라 읽어보시오. 34

(1) Wǒ de guòcuò dàilái le bù hǎo de hòuguǒ.

(2) Luòtuoduì hòumiàn jǐ pǐ xiǎo luòtuo luòhòu le.

(3) Wǒmen yào xiàng Hóu dàye xuéxí.

(4) Fùqin de huà shēnshēn de yìn zài wǒ de xīnshang.

2 녹음을 듣고 성모 부분을 채우시오. 35

(1) ____ì ____àng

(2) ____àng ____iú

(3) ____ù ____ǎng

(4) ____āng ____í

(5) ____ǎn ____ào

(6) ____ú ____áng

(7) ____ōng ____ī

(8) ____í ____iǎn

(9) ____óng ____ián

(10) ____iā ____ǔ

二. 듣기 다지기 코너

1 녹음을 잘 듣고 그림의 해당하는 위치에 적절한 색을 표시하시오. (볼펜이나 색연필로 표시해도 됩니다.)

(1)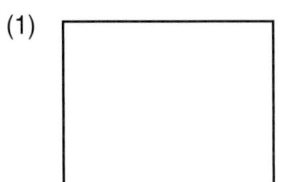

(2)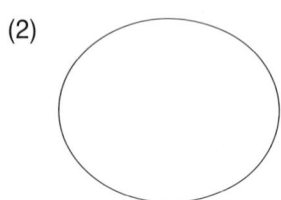

(3)    (4)

2 녹음을 잘 듣고 둘 중 해당하는 쪽에 'ㅇ'를 표시하시오.

(1)       (2)

( )　　( )　　　　( )　　( )

(3)    (4)

( )　　( )　　　　( )　　( )

三. 단어 다지기 코너

중국어	한어병음	한국어 뜻
	ānjìng	조용하다
	kè	과목
好好儿		잘, 충분히
开心		유쾌하다, 즐겁다, 홀가분하다
	jìhuà	계획; 계획하다
旅游	lǚyóu	
像	xiàng	
	zhǔnbèi	준비하다
图书馆		도서관

四. 한자 다지기 코너

1 아래 간체자를 따라 쓰시오.

园 yuán	园	园				
安 ān	安	安				
静 jìng	静	静				
像 xiàng	像	像				
准 zhǔn	准	准				

备 bèi	备	备				
末 mò	末	末				
图 tú	图	图				
选 xuǎn	选	选				
连 lián	连	连				
终 zhōng	终	终				
划 huà	划	划				

2 중국어 문장을 따라 쓰시오.

校园这几天安安静静的。

你这学期选了几门课？

我昨天考了两门课。

我连一门课都没考。

这次假期我打算自助游。